OLS

Wladimir Dias

$\mathcal{P}$OLS

By Wladimir Moreira Dias

Universo Inteligente

Ansiedade zero

Templo da Malícia

Vencendo o Mundo

Coração Partido

Sonhos y Conquistas

Pulsação - Uma Viagem Rumo ao Desconhecido

O Manuscrito secreto do Rei Salomão

O Khan - A elite dos guerreiros

Alquimia das Emoções

Ritual da maturidade

Pulsação e o Manuscrito secreto do Rei Salomão

Pulsação - Uma questão de sintonia

Intelligent Universe – What is the ultimate fate?

A era da solidão

Pulse - Un viaje Hacia lo desconocido

Páginas em branco

Napoleon – The fish

6

$\mathcal{P}$OLS

Dit boek is opgedragen aan mijn moeder,
Berenice *Moreira Dias,*
wiens enthousiasme inspireerde mij om te
schrijven

Ik waardeer de samenwerking en het vertrouwen van alle.

Gelukkig de mens die mediteert op wijsheid
reflecterende gebruik van inlichtingen, mediteren met
zijn hart in zijn wegen, en middelen van het penetreren
van de geheimen van de geest.
SPIRITUELE
14.20,21

Opmerking van de auteur

Ons universum is een verzameling van atomen die trillen op verschillende frequenties en vormen die alleen verschillen in de energie-instellingen.

Het hele universum werkt als een reeks van trillingen, die het mogelijk maakt voor de tijdelijke leven, en geeft ons de mogelijkheid om te communiceren met de hemel en de hel, licht en duisternis ...

PRESENTATIE

𝒫OLS, waarvan het thema is het existentialisme, met name de vooruitgang in de transformatie.

Ze verliezen hun manier van leven, degenen die niet weten waar ze vandaan komen, en niet proberen uit te vinden.

Probeer het! Vergeten hun toezeggingen om je hart te openen voor de wereld en dompel je onder in het avontuur van je leven voor je, je verdient het.

De wereld behoort aan hen die durven, die streeft naar een gevecht met vastberadenheid en leef het leven met passie gaan.

Het leven is een kunstwerk en intens leven, dit is iets wat iedereen moet minstens één keer in je leven ervaren.

 **OLS**

Swissair begon de landing ... "In het algemeen, zijn beperkte hoop als het gaat om de pracht van de gletsjers, bergen in steriele abnormale onvolwassen intensieve dag in het noorden, en een poliep rivierzand in een waaiervorm. Hier zijn we burgers natuurlijke wonderen, in een hoefijzervormige kloof, een kwestie van een kolom van stoom en vogels en watervallen tussen de kliffen en rotsen ... "### Even later was er bezorgd over het huren van een auto en na een minuut was ik in de landingszone op een snelweg bekend als de omtrek van het eiland besturen van een witte Jeep.

Rijden onder polaire hemel in het midden van intens licht, als ik zie hoe ver verscheen van de kleur van hun steden, hun huizen, rood, blauw, groen en grijs aan de horizon, ondanks het zuur weer, kan worden beschouwd als de mooiste en meest aangename te zijn in Europa.

De lucht van de Regio's en de tijd wanneer er geen wind is schoon en fris, de bergen bieden een spectaculair uitzicht, schilderachtige valleien en meren vol vis.

Bij aankomst in de stad ... Ik hield want het leek erg modern, mooi en levendig.

Ik koos voor een klein hotel in de centrale zone, want ik doe geen moeite met luxe, wilde alleen maar slapen.

Na het invullen van het formulier.
Ik besloot om mezelf te gaan en de omgeving te verkennen.

Ik werd onmiddellijk getroffen door een aantal van de
Mensen die hebben aangetoond gedurfde stijl, weinig verhullende kleding, geverfd haar en gekke kapsels.

Ik liep een beetje rond, maar ik heb echt het gevoel dat mijn inspanningen zijn uitgeput als gevolg van een lange reis. Ik besloot al vroeg om terug te gaan naar het hotel, gaat direct in de ruimte voor wat rust.

Na een rustige nacht, ik ben klaar voor mijn grote avontuur op het eiland.

Mooi weer, de temperatuur is ongeveer 16 graden, zodat in zeer goede staat. Toen keek ik naar de kaart en besloten om deze route te gaan met de klok mee.

Een paar minuten later, als ik was in de nabijheid van een van de valleien in het zuidoosten, de sfeer, zonder het gevoel van de vervuiling, die verder geïntensiveerd kleurrijke vegetatie. Op mijn linker, de zee was erg blauw met heldere witte ontvoering permanenten voor sommige zwarte rotsen. Aan de rechterkant, zeer groene weiden huizen met rode daken en bloemen die de witte bergtoppen bezetten.

Ik stilletjes. Op de stranden aan de zuidelijke Noordpool, waar na de bocht, zag ik verscheidene bronnen van zwavel damp verspreidend jets van warm water, leek uit de diepten van een draak Op de achtergrond de met sneeuw bedekte bergen.

Ik stopte de jeep voor een moment kijkt zo vreemd beeld, want ik heb nooit zoiets gezien.

Ik volgde een paar minuten, een soort dans op het water als gevolg van de sterkte van deze stoom jets dansen met enkele windstoten voorkomen.

Wat een prachtige plek! Ik heb het nog steeds in mijn geheugen.

Dan vervolgde mijn wandeling op, maar het is verbazingwekkend hoe de tijd vliegt als we plezier hebben.

Ik besloot om een deel van de randstad, in een gebied bezaaid met verschillende grote watervallen.

In het zuiden, aan de horizon kon ik zwarte rook zien.

Mysterieuze spiraalvormige ontwerp optredens.

Het kwam van een actieve vulkaan. Uitbrak in 1980.

In dit gebied, de weg was niet zo goed, misschien omdat het transportsysteem op het eiland sprong recht paarden aan vliegtuigen.

Asfalt is een nieuw ding, en vóór de opening omtrek was onmogelijk om te ontdekken rond het eiland met de auto.

Bij lage snelheid, gevolgd door ongeveer tenminste limiet, en zoek naar een lokaal radiostation, want ik wilde een aantal van de nummers die het eiland karakteriseren horen.

Ik was voorzichtig om het landschap te bewonderen en realiseerde vegetatie geleidelijk af, waaruit ik in woestijngebied gemengd, dat me meer van een surrealistische nachtmerrie dimensie doet denken, vooral wanneer mijn ogen verloren in de enorme breedte van de recente gebeurtenissen zwartgeblakerd vulkaan, de enige een deel van de kleurrijke bloemen deed me denken dat er een manier van leven.

Nadat ik geleerd dat deze plek is een paradijs voor geologen en studenten van de aardkorst, want er zijn ongeveer tweehonderd vulkanen met sporadische activiteit, een derde van het oppervlak en dampbronnen geisers warm water om de gemiddelde temperatuur van vijfenzeventig graden te houden.

Het was heel gebruikelijk op het eiland, de natuurlijke warmte gebruikt om stoom turbine tegen zeer lage kosten.

In de auto was er stilte. Ik genoot van een stuk chocolade.

In deze periode, enorme gletsjers bieden me een prachtig gezicht, dwingt me om de auto te stoppen om al deze pracht ijs met rode zonlicht en sterke wind uit het noordwesten gemengd voor een tijdje te zien.

In sommige plaatsen, het ijs smolt langzaam en vormen kleine stroompjes die verdwijnen op de vloer.

Daarnaast is de blauwe Atlantische Oceaan mengen en een aantal typische bloem kleuren doen me denken aan filigraan.

Ik zag aan de horizon een groot huis op een boerderij, als hoedster van een zonsondergang.

Op dat moment voelde ik een onverklaarbare aantrekkingskracht.

Dus besloot ik om terug naar de auto te gaan en naar het huis, krijgen een huis, omdat heel gebruikelijk op boerderijen huren.

Hoewel duur, ik dacht dat het zou zijn Dat is interessant.

Na een kort gesprek, ik heb een succes, maar de prijs ook. Maar ik was erg goed behandeld, gevraagd over voetbal in Brazilië en onze stranden.

Zeer vriendelijk, bood me een zelfgemaakte likeur zoals gezegd, bevat bijna tachtig gram in de samenstelling en zei een vrolijke toon was genoeg twee druppels van een suikerklontje om al mijn macht te herstellen.

Ik heb net aandachtig geluisterd, en vrouw Maryh, vervolgd...

- Deze formule is opgeslagen in onze familie tientallen jaren.

Deze keer heb ik besloten om hem te vragen hoe likeur, want het was echt grappig.

Antwoordt hij meteen dat als gevolg van de infusie van verschillende kruiden en vruchten die even rusten op basis van vloeibare alcohol waren.

Deze eenvoud, maar niet stoppen.

De overdracht van deze formules voor onze laatste dag in veel gevallen, in gevallen met een zeer nieuwsgierigheid van anderen, waaronder verhalen over liefde, religiosao rechtshandhaving voor zeer oude brochure Geschikte mengverhoudingen van deze componenten tussen families in codetaal.

Naar hen te kijken, wist ik dat ik zonder een schaduw van twijfel, uitstekende gastheren zijn.

Na veel gelachen en verhalen, keerde ik terug mijn kamer.

Het was een beetje klein, maar comfortabel. Door het raam had uitzicht op een klein bos aan mijn linkerkant.

Eerder, schapen, de jonge pastor en glimlachend naast een paar logs van brandhout, het verre echo van een vogel en een lichte geur van rook.

In de schemering de lichten skyline met gemengde maanlicht, het ontwerp uitgehouwen in de berg.

Ik bleef minstens een uur, het bewonderen het Toneel mening bijna surrealistisch, het vinden dat ik had in mijn eerste dag op het eiland, de plek, ideaal en zijn van mening dat zou indicatie van goed voorteken en ik zal er blijven enkele weken.

Op dit moment zat ik in de hoek van de kamer, met uitzicht op het prachtige landschap buiten het raam, toen ik hoorde Iemand klopt op de deur om mijn gedachten ineens af te leiden. Toen ik de deur opende was het Johann? Hij wilde alleen maar om een beetje te praten.

Het beantwoorden van de vraag stoort me, en natuurlijk heb ik ontkende onmiddellijk uit te en hem uitgenodigd om in te voeren om de kamer binnen. Zittend op de rand van het bed, begon te praten over zijn persoonlijke leven, maar ook om te praten over zijn oudste beroep.

Hij zei dat hij studeerde psychologie,maar oefende in de praktijk slechts een paar jaar, Ik zou liever te leven op de boerderij,het geërfd ik beschouw één het paradijs, de perfecte plek om kinderen op te voeden.

Iemand riep hem in en uit de kamer, nodigde hij mij om te weten, de zogenaamde stille meer vertelt me locatie in de buurt van het meer van de boerderij.

Ik bedankte hem voor de uitnodiging en natuurlijk meteen akkoord ik.

Toen ging ik slapen, want ik moest herstellensommige van mijn energie.

De ochtend volgend ik bereid om koffie te drinken en ik ontmoette met Iohan en zijn zoon Snorri.

We aten iets genaamd skir, typische gerechten van de plaats van melkvet en is onderdeel van hun dieet uit de elfde eeuw.

Kort komen we aan bij zo goed bekend rustige meer.

Was een korte wandeling toen ik gevlekt één prachtig meer, vele warmwaterbronnen die naar voren komen uit de grond, enorme rotsen, en de kudden van eenden in de verte de zomer zon verlicht de horizon, zijn stralen weerspiegeld in het kristalheldere meer.

Later was er een groep van het kamp.

We gingen naar boven en ontdekte dat hij Australische was.

Zeer vriendelijk, sprak kort en zie op dit punt, heb ik besloten blijven om kampeerden met hen die nacht te, want ik wilde een plek in de buurt van het meer te om te verkennen.

Iohann en zijn zoon terug naar zijn boerderij, die veel werk had.

Ik besloot om een steile rotsachtige paden beklimmen, maar ik kwam terug naar het kamp na een paar uur, wanneer het nacht is, samen met een koufront.

Ik dacht dat was het einde van het warme weer, maar werd bedrogen.

In de avond zaten we op de tent en sprak over waar we naartoe gaan, en andere zaken, maar wat mij interesseerde was toen ik begon een discussie over de mysteries en legendes van Machu Picchu.

Volgens de Australische, zou het naïef zijn om waar te zijn, om de theorie te aanvaarden dat de Spaanse veroveraars waren niet in staat om de Inca's te vinden.

Natuurlijk vonden ze dat hij gezegd had, en zei:

- Natuurlijk, de Spanjaarden veroorzaakte ballingschap.

Ik en de andere leden van de groep hoorde meer dan ik, die, net als ik, niemand wist veel als het gaat over dit onderwerp. Buiten kon ik de wind fluiten hoor, het verslaan van de tentdoek.

Het gesprek was zeer goed, maar ik besloot om vroeg slapen.

We wisselden e-mails Vaarwel iedereen, ik ging naar de auto zitten,wanneer ik viel in slaap te het luisteren "Vier Jaargetijden" van Vivaldi.

Ik heb een rustige nacht in de auto, gewoon luisteren naar de hardheid van een aantal krekels en het geluid van het vuur om een aantal stokken te branden.

Terug op de boerderij, het is nog te vroeg, ging naar de keuken om een glas water te krijgen

Maryh lees het boek aandachtig, vervolgens stopte en keek en me aan, vroeg me of ik de plaats vond.

Ik antwoordde dat ik van hou en dacht veel exotische eilanden.

Dan wilde ik weten over het onderwerp van het boek in zijn handen, vertelde me grootste genieën genieën van de geschiedenis.

- In uw mening, was het grootste genie in de geschiedenis Maryh;

Zij antwoordde, zonder twijfel: de Leonardo da Vinci, natuurlijk, leefde in een tijd waarin de Renaissance was zeker een van de meest productieve periodes in de geschiedenis van de beschaving, en, bovenal, een sterke beweging van kunst en literatuur, met belangrijke gevolgen voor de filosofie, wetenschap, politiek denken, modern en douane, het creëren van nieuwe sociale klassen en de cultuur van de stad.

Ik luisterde aandachtig en bleef...

- Helaas die pas erkend als een genie lang na zijn dood.

- Ik vind het echt interessant onderwerp...

Dus ging ik naar keuken, want ik was erg hongerig. Toen werd ik uitgenodigd voorkent de verschillende tuinen naast het hoofdgebouw, allemaal, natuurlijk, zeer goed onderhouden, met aparte bedden en bloemen. Er waren honderden van hen verspreid.

Aan het begin van onze reis, herinnerde ik me een aantal interessante feiten die ik lees over dit onderwerp kleuren.

- En ik ben het becommentariëren Maryh.

Is dat, hoewel groene planten begonnen van moleculaire zuurstof in de atmosfeer gedurende Carboon, de komst van de kleurcode eigenlijk alleen verscheen in het Krijt, ongeveer een miljard Jaar en vond het interessant, detail een een beetje meer over deze wonderen van de natuur. Bloemen geven uiting aan onze gevoelens heel goed.

Via hen, de bloemen Symbolen, breng haar door de mensen vandaag de dag om uit te drukken Gevoel.

Elk van hen heeft een bijzondere betekenis.
Vriendschap en medeleven om tulpen te vertalen, lelies symboliseren Ik wens veel geluk en een roos bloem is een klassieker Liefde, pijn en passie tot uitdrukking.

In de Middeleeuwen en een boeket van viooltjes iemand had een geheim symbool van liefde en daarom timide van hen nam de gelegenheid om je passie te tonen.

Maar wat mij in dit   Onderzoek Maryh is dat we vandaag de dag zien, is enigszins vergelijkbaar op hun voorouders geboren in het velden   tot miljoenen jaren geleden bestendigen de hele.

Als niveau wordt momenteel verbouwd en schattig De voorouders van onze soort waren bijna onopvallende bleke en slechts vijf bloemblaadjes, bloemen De huidige generatie met honderd Bloemblaadjes, die cadeautjes verschillende tinten, geeft een opvallende geur en drukt de volheid, de flora, de Griekse godin.

Bloemen, trots, maar dat is slechts het gevolg van de menselijke hand in een zeldzaam moment van inspiratie te bemoeien met de natuur, niet te vernietigen, maar om te perfectioneren roos naar een verdere intensivering van hun schoonheid.

Eerlijk gezegd is dit een krachtig voorbeeld, kunnen we echt leven in harmonie met de omgeving om ons heen, zorgen voor het behoud van het leven en misschien zelfs in de verre toekomst, het zal uitbreiden naar andere planeten een.

Maryh bedankte me voor de informatie, kijkt op de klok, is het terug naar huis om zoeken Snorri het school.

Me met mijn Jeep en ging naar een paar foto's maken van het gebied 's nachts in de bergen, meren en vulkanen.

De volgende ochtend was ik weer aan de praat te Maryh.

Terwijl aan het eind van de ochtend, praten over koken en vertelde van een reis die hij in Frankrijk; vertelde me.

Nergens in de wereld van food art verdient meer aandacht, omdat deze regio heeft...

- Kruiden, kaas samen zorgen voor een zachte traktaties onvergetelijk.

De wijnen...

Hebben van zeer goede herinneringen aan deze Place.

Altijd nieuwsgierig, ik wilde weten of niets over wist Braziliaanse keuken. Marih, half beschaamd, antwoordde dat hij wist helemaal niets.

- Noodzaak om te weten dat in de nabije toekomst, is een van de rijkste in de wereld. Ik hoop volgend jaar.

- zei mooi praten terwijl het drinken van koffie. Momenteel bewonderd door Belle aarde waar vuur en ijs battle.

Toen ik hoorde dat Iohan bel me en vroeg me om te proberen, andere vloeistof, dat was bereid, natuurlijk Ik meteenwant het was mijn favoriete drank.

Hij was altijd een evenwichtig persoon emotioneel;

Ik dacht dat zijn achtergrond in de psychologie geholpen heeft zijn dit probleem.

Elke keer als we praten, ik hield Verkennen van een beetje kennis in verband met deze menselijke psyche.

We raakten aan de praat en ik vraag me af of in een land met zo'n mooi landschap kan nors.

Na mijn vraag, keek ze me aan en glimlachte, en zei:

- Natuurlijk, maar ik heb geleerd heel goed te controleren, dankzij mijn pad; en dan bespreken veel over deze vraag anders, zonder overdrijven, denk ik, uitgeput, met mijn vrouwelijke collega's en collega's, alle aspecten.

Wordt vervolgd ...

- Weet je, meestal wanneer een persoon stemmingswisselingen, depressief gevoel verschrikkelijk einde, we allemaal hebben meegemaakt op een bepaald punt in ons leven of het gevoel dat het zou laten zien dat het heel normaal is tot op zekere hoogte.

Maar in mijn leven, heb ik geleerd dat Wanneer we opgroeien en beseffen, bewust of onbewust, de werkelijke oorzaak van deze emotionele veranderingen, die beter in staat zijn te overwinnen en, geloof me, een race die neemt, is het ons leven.

Op het einde, zoals we weten, in één dag onze gedachten, hebben we veel situaties gezien positief of negatief effect op onze situatie.

Verwijdering en zelfs als we dat niet begrijpen sociale interventie is altijd, en vaak, om welke reden ook, zijn niet eenvoudig te beheren in de situatie succes deze enorme emotionele bagage was, totdat uiteindelijk niet ons land op te lossen in de kop, is een eenvoudig product externe omgeving waarin worden blootgesteld aan, en vaak wat resulteert in een slecht humeur.

Ik denk dat dit een interessant onderwerp van emoties -
Johann zei, onmiddellijk de overeengekomen en Lit ...

Hoe klaar, en alle personen mededinging altijd als een verdere Uitdagen om te overwinnen.

De levenskracht stroomt door, als een veertje Duurzaam en flexibel, kunnen ze niet worden verwijderd voor eeuwig en om te rijpen en steeds krachtiger.

Aan de andere kant zijn er momenten in ons leven   comfortabel.

Als de wind waait in ons voordeel,   zijn goede vooruitzichten, spontane vreugde van het leven   op en de bereidheid om onaantastbaar te maken.

Dit kan een bekend "Vandaag", dat soms in ons leven.

- Eerlijk
- Johann vertelde me - het grote geheim voor het onderhouden van emotionele stabiliteit hangt af van hoe we denken verschillende landschappen van ons leven en hoe te beheren, dat is, maakt elke training een verschil in het eindresultaat.

Zoals het spreekwoord zegt, wat je niet doodt, maakt je sterker.

Maryh was de balkondeur.   Het gebouw is een pauze in het gesprek, Marih nodigde ons uit om een hapje te eten.

Ik dacht dat, geweldig! Ik denk dat iedereen, met inbegrip van Snorri ook.

Gesprek vloeide natuurlijk in alle opzichten hield echt van deze tijd om te verblijven met deze familie.

Een   paar   uur   later,   schreef   ik   en kijk Hockey wedstrijd op tv toen Maryh kwam de kamer binnen om te vragen een beetje bang voor een gunst.

Hij vroeg of hij haar zoon naar school kon brengen, aantal dringende problemen moeten worden opgelost.

Het personeel op de boerderij, en heeft niet kunnen   Om de tijd te vinden, Johann.

, Een kleine Hij snel eens en weten nog steeds niet   City, waar hij leert Snorri Ik val in een kleine stad, ik leerde, was   heel goed voor zijn serres, geteeld bekend   Groenten, fruit en bloemen in de main.

Snorri   wachtte   mij   na school.   Dat   het   was een goede man met rood haar en een blanke huid en ogen   blauw ook.   Als engelen had een persoon, die persoon zal   zeker gelijk aan Snorri.

Hij is een kind, en het leek alsof alle kinderen   een   dromer,   de   goede   aliens dromen en arm, de oorlog dromen, maar   de droom van de wereld was spraakzaam en zei dat hij dacht veel interesse in mijn beroep.

Momenteel glimlachte en antwoordde dat
was eigenlijk een ingenieur die wil schrijven over zijn tijd   vrij in zaken van leven en van de menselijke natuur.

Hij was erg enthousiast, sprak over veel   dingen   en   vertelde   me   dat   ik   de geschiedenis van de kinderen schrijven
School en als ik een paar ideeën om u te
helpen.

Ik zei ja, begon onmiddellijk met een verhaal over de jeugd, maar bleef onvoltooid.   En hij vroeg me wat het was.

- Er was een vis genaamd Napoleon.

- Vertel me - hij vroeg.

- Nou, Napoleon was een zeer slimme vis, en hij hield om langzaam te spelen met zijn vrienden, wat goud vis ,, alsof ze deel uitmaakten van een harmonieuze onderwater ballet dansen vis.

Het was zo vreemd en het was in zijn ogen
vaag menselijke expressie, ervaring soms wat duikers die ging en uiteindelijk heeft dit niet in tegenspraak Beauty kleurrijke vissen met een prachtig;

Kleuren, dus dat is slechts een paar foto's van hen uw doelgroep te krijgen.
Napoleon was altijd de beste vriend Nino, clowns, en twee ronde plezier had gelijk.

Nino, toen hij besefte dat het begon om zijn lichaam op te blazen en bereikte als zo onevenredig dat het was onmogelijk om niet te lachen, maar Napoleon, vooral wanneer Big Eye lijm ze in de buurt van duikers, dus een beetje na zijn terugkeer, en toen was het leuk.

Snorri was wakker, en hoewel we zijn gekomen, wordt vervolgd ...

- Een dromer, en soms, Napoleon zaag de reflectie in een gebroken spiegel onder de zee, interessant ...

- Snorri Nou, hangt nu af van je!

Als u wilt, gewoon in de rest van het verhaal te vullen.

Hij schudde zijn hoofd alsof in overleg voor mij, en liep om te veranderen, moet u nog steeds de schapen komen.

Maryh hebben om hun problemen op de boerderij op te lossen, en het was rustig, zittend op de veranda te praten Johann.

Dus heb ik besloten om te lopen de rest, plotseling begon te voelen een beetje Heimwee naar Brazilië en sommige mensen.

Na enige tijd, enige tijd in zijn kamer, zag een paar foto's van het eiland, dat op werden geplaatst de muur tegenover mijn kantoor, is van plan om met hen te ontmoeten binnenkort.

Toch nog steeds I voelde een kleine depressie in in deze ruimte.

Helaas soms gebeurt er met mij, geen Vraag waar ik ben en wat ik doe.

Door Johann is dit gedrag zeer vaak deze dagen, vooral omdat de r emotionele stress worden we blootgesteld hele tijd.

Misschien is het mijn depressie werd veroorzaakt door de plotselinge, paradoxaal genoeg, emotionele stabiliteit, die op de boerderij woonde, zi is emlich zelden in mijn leven, in mer rusteloos en vol emotionele vuur.

In gebeurt dit emotionele instabiliteit voor mij, ik wil graag een beetje mediteren, natuurlijk, dat de kluizenaar monniken die het eiland ontdekten was al 700, zal je je innerlijke balans te vinden.

Ik weet dat in het algemeen die van het menselijk brein
Het aanhoudende conflict tussen het centrum van emoties, ben ik op zoek naar instant bevrediging, en het gebied ratio, wat bijdraagt aan de lange termijn doelstellingen.

Dus ging ik naar het balkon, waar ik graag om te mediteren.

De mogelijkheid van het landschap van de boerderij, zie een aantal ongewone, en ik denk dat een beetje van alles te gaan met mijn gevoelens.

Het deed me denken aan de films het meest moves: Bicentennial Man met Robin Williams.

Deze film is een science fiction roman vertelt de zoektocht naar twee eeuwen door de vermenselijking van de hoofdpersoon. Maar degenen die op zoek zijn voor deze persoon, maar niet de vermenselijking van de robot, een machine-mens gemaakt, om hem te dienen.

Dit verhaal in feite het einde van het spel, als Re-verwonden van een speciale machine, die met een standaard kwam "Technische problemen".

Deze fout ten tijde, leek Om de trend in de ontwikkeling te volgen van hun Schepper.

De robot probeert te zijn meer mensen met hun passies en Wenst...

Soms vraag ik me af of er eigenlijk een harmonieuze relatie tussen rede en emotie in een is, of wanneer het altijd dit conflict, omdat onze In werkelijkheid echter, een groot doolhof van Onzekerheid.

Ik denk dat we moeten onze angsten te houden en aandelen coragens, maar niet om te verbergen onze angsten ondergrondse forten.

Laat hen gevangen worden in kooien, iedere dag komen we langs.

Luister, ja, ik moet zeggen, want dat is wat Dat doe je goed. Maar ze achter de tralies in de gevangenis te verlaten leven.

En laat je waarden worden in de controle niet alleen Arrogantie.

Wanneer gebruikt in het boek ten minste de helft voor dit soort conceptuele analyse, de tijd helpt om een gevoel voor het leven te krijgen en geeft me een goed   Gevoel, een soort van zelf-bewustzijn van waarden,   dat helpt altijd om de ideeën en conflicten me verduidelijken.

Ik was er al enige tijd, de balans   op de stoel en denk na over de vele dingen die echt   bijna een integraal onderdeel van ons leven geworden als Droomt dat helaas toont alleen een droom   het leven is geen leven.

Dromen helpen ons om de doelstellingen te definiëren, Leven en verandering stoort ons ons teleur en   verwarde erg emotioneel.

Deze   omvatten   eerste,   peulvruchten instinctieve Natuur, en ten tweede behoren gevoelens   Nobles.

Ik ben een aanhanger van de theorie van Jung, vergelijken Geest.

Mensen   thuis,   waar   de   bovenste verdiepingen, met sierlijke   vertegenwoordigen persoonlijke bezittingen mentale niveaus   zich meer bewust zijn en als het gebeurt, is het   internationale data, in de kelder van zijn huis, dat onze   onbewuste is dieper.

Ik denk dat een persoon veel kan bereiken   geestelijke suprematie en toch ben ik nog steeds   emotioneel kind.

Het idee dat emotionele balans en Looptijd zijn de basis voor onze Groei, maar dit is te verwerven een grondige kennis van onszelf, nakathoristoun we grenzen van impulsen, verlangens en dromen, probeer zo rationeel identificatie en georganiseerd te zijn op de beste manier.

Een van de meest waardevolle dingen die we leren, op de kosmische wet dat alles een puls en een ritme.

Actie en stagnatie, emoties en geest, licht en duisternis, een tijd om te planten en een tijd van Collection.

De adem van het leven, en heeft een hartslag van Pauzes in de ademhaling en bewegingen. Deze puls wordt gebruikt twee belangrijke functies aan het herstel de vorige situatie en voor te bereiden op een andere functie.

Ondanks deze verbintenis, is het zeldzaam om te zien de puls energie, de harmonie van het leven, dat is voortdurend bepalen altijd de beweging van verlangen en Betekenis voor ons leven.

Dus besloot ik om terug naar zijn kamer te gaan.

Ik vond een lokale krant dat was op de bank in de kamer.

Na het lezen van een aantal van de verhalen een beetje meer kritisch, ik kon duidelijk zien dat Het maakt niet uit waar we zijn, het is altijd erg moeilijk een analyse van de mate van maken Gedrag, maar in feite is het uitgesloten aan de harde realiteit van het leven bedriegen.

Velen leven, maar niet genoeg om goed te leven. Dit is omdat de individuele belang is bijna altijd de eerste, een zeer eenvoudig en menselijk gedrag, moeten uitblinken in de menigte.

Ons bedrijf is gebaseerd op de waarden van keuze op basis natuurlijk enigszins controversieel, maar ik denk nog steeds dat kleine oases, zoals de boerderij waar ik ben.

Vorige week, genieten van de vele momenten goed.

Dit eiland leek magisch voor mij en geeft me veel innerlijke vrede, ondanks mijn emotionele ups en downs, de worden gevoeld, en ik was echt gelukkig te zijn kunnen leven voor enige tijd met het gezin Hoe het hart en gelukkig.

Het leek een tijdje rond de klok, ik herinner me dat, Plannen, in feite, hebben betrekking op de hoofdstad en de volgende ochtend, dus besloot hij, kreeg ik een Jeep en dan het belangrijkste.

Ik had geluk, want de weg was erg rustig;

De straat was bijna aanraken en geniet van alle van hen kon   natuurlijke schoonheid van dit gebied.

Tot   mijn   recht   een   gebroken wervelkolom   was   rijk   Wonderen   van   de natuur   naast hem sommige
Beroemde paarden op het eiland, rustig grazen op   de doos.

In   de   loop   der   eeuwen   hebben geïsoleerde geweest en in zijn bekend   Wereld van vandaag, ondanks zijn kracht, zachtheid en   soepele overdracht.   De wet staat geen andere wedstrijd kan niet worden geïmporteerd.

geen   enkele   interessante   gerechten zoals   een bocht, zag hij het kapitaal op het moment aan de horizon.

Eenmaal daar, realiseerde ik me dat de gebouwen waren   lage en correct uitgelijnd.

Tijdens de afdaling door een van de straten, zacht   hellend, merkte dat de zon die over de witte   en de prijsstijgingen aan de horizon.

Volg bijna tot het einde, waaraan een   Straten, waar ik een heleboel espresso en   ook opmerkelijke neoklassieke kathedraal.

Dus heb ik besloten om een pauze te nemen in een van de   Cafes voor snacks zo beroemd   *Borden   Snelheid*   USA.

In het café, we zaten aan een tafel in het landschap   naast een man met een lange witte baard, die lijkt   op de leeftijd van 70 jaar te berekenen.

Hij werd omringd door een aantal boeken op de tafel en   zie, ik dacht dat ik zou een beetje doen   onderzoek.
Later, na mijn verzoek,

Hij schudde zijn hoofd en vroeg me waar   het was.   Ze antwoordde snel, en dat ik uit Brazilië   geniet van zijn vakantie naar het eiland te verkennen.

Dit bleek zeer open-minded te zijn en besloten om te vragen of ik   een goed advies kan geven over reizen in dit gebied.

Na   enig   nadenken,   frons, mijn   antwoord op onder meer gebieden in mijn script   archeologische, culturele, en het zou heel interessant zijn, en   ik kon een waterval, dat ten noorden   van   de   hoofdstad,   noemen   was hebben   , wat geweldig is voor foto's was.

Zoals mijn lunch niet aangekomen, bleef hij   aan het gesprek te verkennen.

Door enkele medische boeken, die hij in zijn had gezien   kantoor, vroeg of hij een dokter was.   Na   een   korte   glimlach   die   mij bevestigd, vertellen me dat ik   een cardioloog.

Dan hebben we niet praten voor een tijdje, totdat   iemand zijn eten klaar was, nam ik afscheid   van   de   man   en   direct   naar   de archeologische sites.

Zelfs dan ging naar de waterval, de afwerking   van de ochtend in de hoofdstad in de oude vissershaven centrum waar   in de buurt, kan   ik   een   van   deze   beroemde   schepen zien   *van de Vikingen*   , de
in de film.

Is vissen in een nabijgelegen winkel, het ervaren van een soort kleurrijke kristallen op het scherm.

Venster, resulterend effect van zeldzame pracht.

Ik maakte gebruik en kocht een souvenir. Het was een sculptuur met een stuk van een stuk van topaas gekristalliseerd kwarts.

Ik geloof echt dat sommige dingen in de wereld , zoals de perfecte kristallen.

Het was zeker een interessante baan, maar ik denk dat ik wachtte een beetje. Misschien miste ik een goede surpresa ...

Interessant doelwit.

Toen ik draaide weg, hoorde ik iemand praten met me en vroeg om mijn mening over de effecten van bepaalde kristallen in het raam. Toen ik keek in je ogen, ik heb net verloren in hen.

Dan, ongeveer genezen coördineren ademhaling externei glimlachen, en mijn kristallen bol.

Ze was een mooi meisje ongeveer 20 jaar oud, blauwe ogen en haar met rode highlights.

Patie weerstand keer dat ik heb geprobeerd met haar te praten, en ik hoorde dat een Noorse, was ook een wandeling in het eiland weer in een paar dagen. We werden vrienden en bracht de dag samen, besloten om terug naar het hotel. Onze lijn is afgerond en bereiken de *hal* van het hotel, nodigde me uit in haar kamer, die wordt graag aanvaard.

In een poging om te verhogen zijn ogen wilde dat ik te verliezen   het.   Het leek zo bijzonder deze keer ...

Tijdens de beklimming, sloot zijn ogen en leunde   mijn nek.   Toen begon hij zoenen campagne kostuums   gewillig rond het gezicht en de hals liep.   Toen kwam ik in haar ogen en wachtte op een   No.

Toen kreeg hij naar zijn kamer, en na het invoeren van de   wens om voor ons te zorgen.

Een   paar   uur   later   waren we   uitgeput en extatisch.

Ik dacht eerlijk gezegd dat onze ontmoeting was niet een ongeluk.   sliepen in de geest van de andere wond.

Op het moment dacht ik dat het een nacht van liefde   onverwacht geschenk voor mij,   beide waren erg pijnlijk en COM   Sonhar zeer vergelijkbaar.
Ging   naar   de   structuur   van   ons   leven, onze   sociale kring moeilijk te verkrijgen in een verbintenis   , hoe prachtig, hoe het meisje wist dat   ik zo goed.

Dus ik zei dat ik moest afscheid nemen, als   voorheen,   voor   de   liefde   kan   een meedogenloze kapitein worden   beter, maar in ieder geval, als het ons kan maken   sterk genoeg om de wereld, zonder een gezicht   ons, op een gegeven moment, naar bezwijken voor hen mysterieus.

Vanmorgen heb ik afscheid genomen van deze diva met een kus ...

En ik dacht,   *dit is mijn leven, wat mij*
en   maakt me gelukkig, gewoon teleurgesteld .

Hij   voelt   dat   het
leven van   me   over   al
de tijd en olla   gevoelens   volgende   ervarin
g, Ho , helaas,   alles   is   zo   vluchtig,
voorbijgaand,   afgeknotte als ze proberen, laat
het me weten mezelf, maar ik weet dat   niemand
kan worden gevonden, voor zichzelf zelf is niet iets
dat   kan worden gevonden, maar alleen om te
geloven, en daarom   altijd in gedachten dat je
niet moet proberen te houden om   erachter te
komen wie hij is, maar wat je kiest.

Daarom is het erg belangrijk om een
beeld van wat wij hebben,   en laten zien dat de
plaatsing van leven.

Het is belangrijk op te merken dat we
niet zijn.

Laatste, maar niet donker of mooi, dat
was   onze geschiedenis, en het enige wat hij kon
zeggen is   onze manier van leven, gezien de
verschillende   oefeningen emotionele intelligentie
die we   hadden, in   de   context van   onze
werkelijkheid.

Hoewel alle mogelijke labels nog steeds
niet   hebben ons verleden, noch ooit zal zijn,
dus   ongeacht het succes en veel geluk er   geen
definitie van ons ervaring.

We zijn wie we ervoor kiezen om nu, en
dus is het   belangrijk dat u nooit gezegd: "Ik ben
geboren   op   deze   manier"   proberen
ongepast sommige   dikaiologia
rechtvaardigen Symperifora gebeurd.

Telkens wanneer we denken op deze
manier   is   om   de   keuzevrijheid   te

beperken   en   de   waardering   van
onze   tekortkomingen,   waardoor de macht van
elesrealmente.

Alle   spiegels   in   ons   leven   is
een   fantasie, want we zijn allemaal mutanten in
dit universum, en   altijd in beweging.

Elke   dag,   elk   schip   hebben
we   aangetoond dat het enige constante in het
leven   tijdelijk stroom.

We zijn wat we doen vandaag, en wat we
kiezen te zijn, en   we moeten altijd dat de
relevantie herinneren   van onze gedachten, als
we rekening met de stroom

Ons   leven   door   interactie   met
de   omgeving waarin we leven.

Als we zorgen voor een kritische analyse van de
menselijke   conditie   in   het   algemeen,   hun
houding en hun gedrag zeer   mogelijk voor ieder
van ons om te bepalen   of water: één van deze
twee elementen van de natuur   diamant.

Water   is   een   flexibele,   vloeistof,
kunststof, bijzonder adaptief   het milieu en geen
geur, smaak en kleur krijgt   elke kleur, reukloos
en smaakloos.

Het   reageert   met   de   omgeving
vereist   direct   contact   met   een   andere
geschikte   cel, op de manier dat een verandering
in de   moleculaire toestand overeenkomstig de
energiestroom   in de omgeving is   essentieel
voor het leven.

In tegenstelling, het diamant harde moeilijk om al te stoppen   andere informatie en is niet geassocieerd met een van hen, zijn   stijf en behouden de vlek blijft voor altijd   verbonden aan de helderheid van het beeld en rijkdom, en het is belangrijk   voor het leven.

Dit voorbeeld kan laten zien dat het pad dat   ons laat de natuur dat de belangrijkste reden dat we   flexibiliteit in onze menselijke relaties met   open dialoog, zonder overdubs en pantasevasmo voor het individu en de vrijheid van het individu in   . hun keuze

Iedereen heeft zijn eigen manier van leven, hun gewoonten, hun   begrip unieke manier van kijken en de wereld.

Op dit punt was ik al heel dicht bij de auto.   VA

Denken in spannende momenten die net gebeurd in   die hotelkamer.   Dit meisje   , de heerlijk zachte lippen.

In de auto, wat water drinken isotone, heb ik besloten om mijn weg terug te volgen.

De straat was rustig en een beetje tevreden over al   dit gebeurde mij op deze tour, en zo onverwacht.

Na een tijdje kwam ik tot de tuin en een beetje later in mijn kamer was. De deur stond op een kier, en als ik kijk naar mijn *laptop* , was ik verbaasd aangeraakt opgemerkt door Johann één van de stations, met een grijns op zijn gezicht keek me aan, en ik benadrukte recht: Je bent een grote beer werd later vroeg mijn nieuwsgierigheid naar dit item te lezen de tijd.

Ik antwoordde onmiddellijk dat de Pleiaden en de equinox.

Zeer interessante vraag om te beantwoorden, omdat ik grote mysteries van de astronomie.

Ik stemde toe, en zei tegen hem, wat hij had telescópioem kleine kamer gezien, en naar verluidt ook.

Johann vervolgens geratificeerd, en voegde eraan toe dat een van zijn hobby's, langs de hemel in het najaar.

Hij was zichtbaar ontroerd door de inhoud van ons gesprek door me te vertellen dat hij had gelezen heel vreemd artikel in deze kwestie en de voorgestelde
De lezer kan begrijpen als men ervan uitgaat dat er miljarden lichtjaren van de aarde en zet ... april

- Naar verluidt, is dit artikel van mening dat onze wereld, als de afstand niet meer dan één punt 20 miljard lichtjaar, en misschien wel andere universa die samengaan met of anderszins.

In feite wilde ik meer dan één cel in het   lichaam wordt vertegenwoordigd door het oneindige.

- Zeer interessante definitie Johann up   omdat   de   complexiteit   van   de onderdelen   te winnen in ons leven.

In feite zou het geweldig zijn als in de verre toekomst,   zou het zo zijn, het is een fantastische   selectie   openen   studies   en ongekende   mogelijkheden   voor onze   werkelijkheid,   en   misschien   zelfs   een goede zaak Moto nieuwe   verbindingen in onze ruimte-tijd om te veranderen.

Johann antwoordde vervolgens:

- Het is waar, maar helaas onze wetenschap   is nog ver weg, zelfs nadat   hij brak de barrière van de snelheid van het licht, maar ook   de moeilijkheden is met de beginselen van de methode van de   evolutie van de mens.

Het resultaat van de genetische evolutie van de lange, die   een persoonlijke ervaring in een fysiek medium toegevoegd definieert   ons vandaag.   Weet je, als ik zie de sterren,   ik begrijp hoe   mensen   niet weten   niets,   noch verpakt em leven vele geheimen   van onze ware werkelijkheid, Als we dat niet doen eigenlijk alleen   een referentie tijd, of als we meer nodig dan dat.

We konden niet eens antwoord geven op de vragen   basics zoals "Waar komen we vandaan?"   en   waar   gaan   we naartoe?   "Of   : "Het is de eerste cel? En "we alleen zijn in het   universum?

Deze interessante vragen van ons leven, en eerlijk gezegd, ik denk dat veel van het menselijk lijden   in het verhaal werd grotendeels geassocieerd met Poca ons begrip van onze ware oorsprong.

- Echter, Johann, is een fascinerend onderwerp,
vooral met betrekking tot de oprichting van de eerste cel.

Ik probeer altijd, indien mogelijk, om een idee te krijgen van het onderwijs altijd gecentreerd leeft niet, maar.

Bovendien is de invloed van emoties, die, naar mijn mening, was het ware licht vraag, wat echt belangrijk is in het leven.

Ik denk dat al deze vragen over het maken van interessante, vereisen een hoge mate van subjectiviteit in zijn conclusies, het hangt aan een grote visie metmenos elke man en de elementen die deel uitmaken van ons universum.

Zoek Johann, na een korte glimlach gevraagd, had ik een paar minuten om een aantal van te luisteren naar mijn theorieën over de schepping, maar blijkbaar is er geen verplichting, feiten, ideeën en concepten zijn zeer persoonlijk.
Nu zat hij op de rand van het bed en zei:

- Natuurlijk ben ik een en al oor.

- Nou, Johann, denk ik, onder de mysterieuze ontwikkeling, de opkomst van de eerste cel is eigenlijk een van de meest interessante, en een paar jaar geleden voelde ik miaanagki om wat ideeën over deze kwesties te formuleren, zijn de problemen onlosmakelijk verbonden met onze emotionele omdat, naar wat onze zien oorsprong.

Lens, voor mij is het de combinatie.

Nucleïnezuur elementen in de bodem primitieve, zoals stikstof, zuurstof, waardoor een zeer eenvoudige en combinatievormen verschenen altijd willekeurig in de omgeving, en een nieuw contact altijd in de volgende chemisch graveren gedrag van alle, altijd afhankelijk van de variant wordt als mogelijke elektrische schok en thermische schommelingen van vele factoren en alle voorwaarden voorzien door abonnementen, ontwikkelde zijn beste gedrag inzake het milieu, maar altijd houdt het beste resultaat voor de lijn van ontwikkeling , die als een echte *Software* Leven verzamelen van gegevens voor miljarden jaren, totdat hij te creëren in de locatie, het resultaat aplamia bijeenkomst talloze bestanden chemicaliën.

Wist oude principes van het bestaan geanalyseerd Johann, het ultieme doel in het leven heeft altijd de harmonie tussen de elementen zou iets als een permanente neiging te zijn alle zichtbare eenheid van tegenstellingen in ons leven en te handelen, in feite slechts als steun, omdat onze natuur is uniek en onveranderlijk.

Het is grappig als je kijkt naar een aantal van de aspecten van het leven die zich voordoen ondanks zijn aanvankelijke eenvoud, weg van de plant, die veel heeft . tegenstrijdige tendensen onderbroken Deze Johann:

-. U bent nu op dit onderwerp, dat is mijn specialiteit Had ik gedeeltelijk met je eens, geloof ik echt, niet planose vidatem vele trends, ik ook vaak willen Fout levamosum toe, ten koste van alle anderen, zoals uw POI, zei leven richting die in hoofdzaak trends moeten in de meest consistente wijze worden georganiseerd , onze constante zoektocht naar evenwicht te vergemakkelijken emotioneel.

Aan het einde van elke persoon in onze geest sempretemos iemand wil hoeveelheid, vaak tegenstrijdige en met elkaar verbonden.

Dit is niet anders primitieve impulsen en rationele, egoïstische, altruïstische, en iedereen moet goed worden uitgevoerd, altijd op zoek, als het ultieme doel, harmonie voorspelling dat de gegevens uitgedrukt in de eerste plaats door middel van onze gevoelens, en andere wezens.

Dit is het principe van de werking van elk gevoel van harmonie.

Nu kunt u er zeker van zijn dat het leven simpel   feit, hoeft u alleen maar om te studeren   en   om   de   essentie   van   het begrip   segmenten,   lijnen,   maar   vereist   het gebruik van intelligentie,   op zoek eenvoudige principes, het is echt   niet makkelijk.

- Ik   ben   het   eens,   John,   maar toch,   alle independemente elk frame   in het universum, de meeste geloven dat ze kunnen participeren   in het proces van het leven, heel even, en dan   ieder van ons en zal altijd in al onze verzoeken   voor altijd.

Voor   mij,   het   leven   is   slechts   een waarneming, en al   gewoon een verschil in hoe we kiezen voor een lens   dat ieder van ons de wereld ziet.

Er is een verhaal dat goed uitlegt, en is als volgt: Amuchacho zag oude tante en schrijf een brief   vroeg toen:

- Heeft u een verhaal geschreven met ons gebeurd?

Tiaparou brief, glimlachte en zei tegen zijn neef:

- Ik schrijf u, het is waar;   maar belangrijker dan de woorden is mijn instrument te gebruiken, en ik zou graag, als hij opgroeit te zijn.

Het kind keek verward, en dan kijken wat   specifieke, zei hij:

- Maar,   zoals   alles   wat   ik   heb gezien!   leven!

- Nee, mijn neef - zei tante - al het leven hangt af van het   perspectief.

Ik denk dat, met deze tool, kan ik veel doen   dingen, maar kan ook gebruik maken van het kauwen   op en af het verkeerd is om te blijven   goede manier.

Maar vergeet niet dat wat echt telt.

Er zijn houten buitenkant, maar het grafiet en   het zet de waarde;   dus altijd over wat te concentreren   op je heen.

Nu is het belangrijkste ding dat altijd laat de   personages, op dezelfde manier dat het leven;   daarom.

Ik probeer altijd om hun relaties, die bepalen   hun echte waarde.

Het debat was interessant, maar Snorri riep   vader en ik meerdere malen in onze pauze moest   bellen, maar voor vertrek, vertelde hij me om te   blijven wat hij had gelezen, het leek erg   interessant.

Toen hij alleen was in de kamer, en al   herinner ik me, dat ik lees net de zin en   dan, natuurlijk, zou ik graag iets zeggen over Johan.

Niet onderscheiden de vorm van het vacuüm, het vacuüm niet   andere vorm.

Vorm is leegte, leegte is vorm, en alleen   onze   zintuigen,   perceptie,   intentie, bewustzijn   en dus   denken en nog steeds ...

Alles in het leven heeft een ritme, melodie, ritme, op de algemene wet dat alle, beheerst op basis van andere, voor de bouw, is het steeds moeilijker om te vernietigen.

Daarom moet je altijd klaar om zijn verwoeste gebouwen ...

uitdrukkingsloos gezicht van de woestijn, wat kan betekenen van tijd tot tijd de behoefte aan informatie en de binnenste leven.

Een paar jaar geleden won ik een geschenk dat deze ook. Weerspiegelt het tijdperk van de bonsai, Japanse, deze zaailingen. Van de dagen voorbij, ik langzaam verliest kracht, zodat ik hem had, de tuinman, te verwonderen, nu ik knip alle takken, te weten:

dat deze actie nodig was. Daarna ging ik naar GM door angst, maar een week later, toen de boom werd gerenoveerd en ontworpen om te groeien, bloeien en vrucht.

Dit toont duidelijk de kracht lange-update en dus niet onze tijd doorbrengen met muggenziften, omdat het kort en gaat te snel.

In deze lijn, moet je nadenken over het creëren legen ons leven, soms het zoeken naar updates dingen en waarden om leemten op te vullen in de best mogelijke manier.

We gaan met alle obstakels, zoals informatie, als iemand die beweert alles te weten in de buurt is het onwaarschijnlijk dat een creatief leven, istNachrichten hebben.

Zeg tegen jezelf: "Ik weet het niet," is de eerste stap om zich te ontwikkelen, maar verwacht niet dat dingen gebeuren om een vacuüm te creëren, omdat de logica van het leven is het tegenovergestelde geproduceerd die dingen beginnen te gebeuren.

Desalniettemin is het belangrijk dat dit onderscheid sequenties die echt nodig zijn voor ons leven.

Leegte is allemaal maar een strategische positie voor meer kansen zal ongetwijfeld gebeuren, omdat ze allemaal gevangen of slecht aangesloten.

Ik dacht altijd dat het grote geheim van dit is mysterieuze kunst van het leven is om te weten wat te doen en hoe dit te doen, waardoor al zijn aandacht, alle energie in deze, omdat een of andere manier leven we elke com, waar alle goederen kan duren elk moment wanneer ingestort en verdwenen.   In de woorden van de oude: *Omnia verkeer*   , dat wil zeggen, alles komt en alles zal gaan.

Ons leven is het hoogste goed, en we hebben allemaal moeten leven van de intensiteit, maar we kunnen alleen begrijpen meer in het algemeen, als we het verschil zien, om te zien wat we hebben.

Hij bleef daar alleen, meer analyse van deze kwestie van liefde, als ik me herinnerde een aantal van de verhalen zijn de moeite waard de meeste boeddhistische oorsprong zegt:

De man, de kat en de hond ging unacarretera, maar hij dood was, en ik weet het niet.

De rit was erg lang, bergop, de zon sterk en bezweet en dorstig en moest dringend water.After curve, zag zich grote mooie kamer, die leidt tot een bron van schoon water. Draai bewaker poort, de man vroeg of hij hun dorst met kon blussen water, en de bewaker antwoordde snel, maar de andere honden en katten

- Stressed.

- Maar elestambém drankje.

- Sorry, - zei de bewaker.

Dan is de man, teleurgesteld en een beetje is hoofd naar beneden, ging door, en na een lange wandeling, kwamen ter plaatse, de ingang daarvan was de deur naar de vloer zeer Aberro oud, en opende de deur op een onverharde weg met bomen aan beide zijden, die de cast maakte. In de schaduw van de bomen was een oude man met zijn hoofd bedekt met een hoed, als ik sliep.

Na de begroeting, de man legde uit dat hij en de dieren waren erg dorstig, en al snel de voorkant was   ik kon zien, een bron dicht bij de rotsen, die op de   plek.   Toen vroeg ik of ik drink daquelaágua.

          - U kunt wensen om te drinken - antwoordde de oude man.

          Dus ging hij naar de plaats om uw dorst te lessen.

          Daarna bedankte hij de oude man en vertrokken en   te horen zeggen:

          - Kom altijd terug.

          Ainda   beetje   verward   en   vroeg opnieuw:

          - By the way, laat de naam van deze plek?

          - Sky - antwoordde de oude man.

          - Heaven   Maar ik dacht dat de bewaker

! was   de   marmeren   entree   poort   in   de hemel   En binnenkort, de glimlach, de oude man antwoordde:

          ! - Nee   ! Het is niet het paradijs, het is de hel   - Hij zei vertrekken   verrast Walker, die antwoordde:

          - Maar dit is een vals beeld van de ingang kan   erg verwarrend.

          - De fout, - antwoordde de oude

- Omdat het eigenlijk maakt ons een grote gunst,   omdat sommige mensen in staat zijn om hun te verlaten   beste vrienden.

          Dit verhaal laat ons zien dat, in het einde, het   maakt niet uit of het is niet wat je ziet.

Na deze periode van meditatie, heb ik besloten om te bellen   Brazilië weten hoe alles was, en, God zij dank, alles   in harmonie thuis.

Echter,   ontmoette   ik   een verschrikkelijke brand   die in   een belangrijk reservoir zich in de staat
tot Vrij

Er was een enorme mobilisatie van de lokale bevolking,   om te helpen bij het intomen van de brand.

Interessant, aangezien de logica van dingen   werken   soms,   wat   bewijst   dat   er momenten   in onze geschiedenis, waarbij de zorg voor   milieubescherming   lijkt   vooral   sociale conflicten.

Dit is wat lijkt te zijn gebeurd in dit geval   brand   ,   waar   vuil   en   vervuiling monitoring   spreken   dezelfde   taal,   zowel   de gemeenschappelijke klanken
Plaatsen om bescherming van het milieu.

Dit   is   duidelijk   wanneer   ecologie is   een   politieke   banner,   de   leer   dat   alleen zichzelf,   het draaien van de andere problemen.
Het is een nieuwe wetenschap, maar zijn wortels in de   geschiedenis   van   de   mensheid   is   een particuliere, in de zoektocht naar de sporen   zijn in   staat   om   de   relatie   tussen   de   mens aantonen   natuur kan worden vergeleken met een huwelijk   vol   liefde,   maar   de   schok   kan veroorzaken   geluk   of   definitieve   scheiding draagt bij aan harmonie   verzoening voor het leven.

Kijkend naar de ontwikkeling van de oude dagen in de vroege aarde, er is geen manier van leven, het milieu giftig was   met een mengsel van ammoniak, methaan, water en gevuld waterstof bliksemschicht verbrak de stilte in de hemel,   licht soms oppervlakkig, maar niemand kon   in de gaten houden.

Verschillende hypotheses naar voren zijn gekomen om te reageren op als   het leven op deze planeet, maar er is geen twijfel dat het   een zeer primitieve manier, die zelf begint vorm   te   krijgen   in   een   complexe omgeving,   breng   een zeer eenvoudige, kun je niet eens   eten.

Het   kan   zijn   dat   na   de   release van   aminozuren en eiwitten die de basis van al het leven   op aarde, een onweerlegbaar bewijs van het   doorzettingsvermogen en flexibiliteit was de tegenstellingen   tussen ontwikkeling door genen . explosief karakter die we vandaag kennen

Het is duidelijk dat dit proces van het leven over miljarden jaren ontwikkeld zou type chemische identificatie profiteren   van al deze experimenten is altijd in beweging.

De natuur is een perfecte en volledige uitdrukking van het   leven van alle hoeken, die altijd presenteert een aantal   micro type activiteit kan zijn in het afvalwater   is warmer of bevroren top.   Het leven is in alle   onderdelen, glijden, kruipen, lopen, zwemmen of graven;

zelfs kernen is verre van dom, want het is   een kans om te leren van de ervaring.

Er zijn organisaties die ultraviolet of zie   blinde mensen om het milieu, waarnemen   deelname aan het elektrische veld.

Sommige van deze wezens leven slechts een uur, andere   gulle duizend jaar, maar los van het feit dat al   degenen die vol van harmoniacom in een natuurlijke omgeving   om ons heen.

Onze behoeften zijn altijd bezorgd over de planeet,   de meeste maken een levend organisme,   en eist dat hij   gegarandeerd Equilibrio overleven?   anders   sterven.

We moeten voogden zijn, want dit keer zul je   de macht over de natuur de natuur te ervaren   plant.

Onze plicht om het te houden voor een ander   op deze generatie, de continuïteit van het leven   planeet, die nog steeds erg kwetsbaar en daarom   moeten   onze   creatieve   oplossingen bemoeien   minimaal ecosysteem.

Laat ons creativiteit kan worden gezien als een   katalysator,   met   een   eenheid ondersteunt   het bereiken van de doelen en wensen.

Natuurlijk, er is een tendens in een botsing   tussen aanhangers van het team en de innovatie   , maar het is een proces van het verplaatsen naar voren.

Er zullen altijd deze conflicten, want we leven tussen het tegenovergestelde, in feite, relatief, is altijd waar zware altijd de ontkenning van het licht, koud zijn verstrekt over hete, maar laten we niet vergeten, zijn deze tegenstellingen alleen de waarheid ondersteunen van onze tas roteirisla film leven, en wier laatste voorbeeld is het evenwicht, Mone masyparxiaki bepalen.

Hij zat op het bed in mijn kamer, toen ik besloot om een kort dutje te doen, maar ik viel in slaap en zelfs wakker worden naar een andere dag.

Dat is de zaak, ik denk dat ik ben te moe.

De ochtend ging ik naar de stad om wat te doen winkelen en toen ik terug kwam, ging ik meteen naar de keuken om een glas jus d'orange te krijgen.
Toen riep ik hen een paar geschenken die hij moest opgeven speciaal gekocht voor Maryh en Snorri.

Toen ging ik naar de kamer en lees een beetje, dit keer, herinnerde ik me dat mijn tijd voorbij is, het was gewoon een week op deze aarde.

Helaas, dit was een tijd dat ik had, Spanje, want mijn vakantie is voorbij en ik moest terug naar Brazilië te gaan.

Na een paar dagen dat ik er was, praten Snorri op een mooie zonnige dag, rustig zitten in het netwerk op het balkon kijken naar de prachtige zonsondergang en de GM om wat alcohol te nemen, toen ik opeens zag Johann verraste ze kwam naar me toe om u uit te nodigen om Uit eten in huis van een van zijn vrienden, die, natuurlijk, heb ik meteen geaccepteerd.

Hij ging naast me en begon te spreken.

- Wees klaar, want dit zijn mijn vrienden via gevuld excentrieke mode en theorieën. als mystici, zijn lid van de sekte en zie de natuur ultradimensionais.

Wilt u meer weten? grapte, glimlachte naar me en bleef ...

Proberen in een staat van leven te bereiken extase, op zoek naar een soort exponentiële leven tijdens het bezoek als een kans uw theorieën en te horen ideeën over het leven en het universum.

Over het algemeen denk ik dat we moeten altijd open zijn nieuwe existentiële ideologie die op enigerlei wijze helpt, puzzel verzamelen werkelijke oorsprong.

Ik was erg nieuwsgierig, en was al snel te vragen, aan het einde, wat doet de term "exponentiële leven", omdat hij nog nooit van gehoord voordat.

Johann dan na het uitzitten van een beetje meer   vloeistof, ik legde beleefd en zei dat het was   een soort uiting van het leven, de structuur   bestaat   uit   verschillende   maten vermenigvuldigd   exponentieel, altijd gebaseerd op verschillende   frequenties, dat is een soort van oneindige harmonie   zouden deze universa, de Dit model met   overlappende en met elkaar verbonden,   maar   dit   kan   worden waargenomen   met de gebruikelijke sensatie door hun kleur   is iets anders.

Sommige van deze theorieën zijn zo goed uitgelegd   de   fundamenten   van   de kwantumfysica, in de ontleding van het   gedrag van   microdeeltjes   onder   meer   door de microkosmos   van   de   bestaande machtsstructuur binnen de persoon,   ik weet niet of je iets weten over dit onderwerp   , maar dit is zeer interessant.

In dit universum van energie, zonder hiaten en tijd, en deze deeltjes kunnen hun gedrag veranderen   als om wat voor verkoop dat ze het gevoel   waargenomen.   Nou, Johann, ik weet   een   beetje.   Na   een   korte   pauze vervolgd ...

- Zij geloven dat deze werelden zijn echter niet   gezien worden, en je kunt gewoon het gevoel   een kleine kans, zelfs begrijpelijk, maar zelden   , als ze niet te doen in de situatie, elk contact.

Daartoe gebruikt de werkwijze in verband met het belang en volgens hem wordt deze kwestie beschouwd als een eenvoudige uitdrukking van energie, deze definitie ook alle andere universa, en in ons geval deze term begint vanaf de basis van de inwendige structuur van de proton, een van de bestanddelen van het individu.

Voor hen, maar deze term is de energie van bepaalde frequenties die uniek zijn voor elk universum wordt de definitie van hoe de verschillende eigenschappen van grondstoffen en eventueel deze fundamentele frequenties kan veranderen , kan leiden tot onvoorstelbare en ongelooflijke transformatie in de vorm van materie, zoals we weten allemaal transponder belangrijke concepten van ruimte, opent de mogelijkheid van mogelijke contacten gelijktijdig met verschillende afmetingen en daarmee de snelheid van de uitvoering van de zelfobservatie hun verbeteren diepe, gelegen tussen de overgangszone tussen de hand van de levensduur en geest.

Kortom, wij zijn van mening dat deze fluctuaties worden versterkt quantum bepaald de geschiedenis van ons heelal, het zonnestelsel, de planeten en blijven op genetisch niveau, de definitie tonpolyplokon adaptieve systemen en de man zelf.

Denk aan mij, als dat zinvol is, zoals alles in het leven heeft een bepaalde trillingsfrequentie, inclusief gedachten en gevoelens daadwerkelijk leiden, in principe, vormden een groep mensen zwaaien verschillend verschillende energietoestanden.

Stel je voor met mij, als een persoon, in de toepassing van het intellect, die typisch is voor hem in de toekomst verre bijzonderheden periousiasdiastaseon eigendom van deze zaak, gewoon negeren deze informatie, het gebruik van Bouw je de werkelijkheid zoals je wilt, ik weet zeker dat het zal - en zelfs nadrukkelijk vertelde me na de bekrachtiging.

Ik denk dat dat echt mogelijk, omdat dat onze perceptie van de werkelijkheid hangt precies zoals hoe onze hersenen verwerken informatie op verschillende zintuigen ontvangen, zou het zijn bij het instellen van de radio om onze houding te veranderen, zijn we ook samen muziek maken.

Toen we binnenkwamen in deze kosmische puls reascensor ook necessidadeque leven te begrijpen , de verschillende standpunten of onderdelen pulsars zonder het verkrijgen van de impasse op slechts één van hen, en door dit alles is er niet genoeg ruimte is niet de absolute waarheid, de absolute waarheid zijn relatief.

Absoluut oneindige en te groot bestaan beeld betekent dat er een eindeloze via welke stroomt, maar tijdens ons leven.

Deze motie resonantie puls vanaf het moment van onze geboorte, waarom aanwezig.

Dit onderscheidt een uit een ander bureau, en in het huwelijk.

Als deze lijn direct creëert de grandeur en de stroom van het leven, door het uitvoeren van de ziel.

Maakt een melodie en dynamiek georganiseerd contact door integratie verantwoordelijke instantie blijft bij de scheiding, die stabiel het resultaat van dit proces is de definitie van een wonder geboorte.

Al deze dynamiek aan dezelfde doelstellingen en geregisseerd grote scheuren met hetzelfde doel in harmonie harmonie tussen alle, de dans van de vergadering, die zal plaatsvinden.

In elk leven is absoluut.

Het mysterie van het leven voor ons werkt, omdat de verwachting is dat door middel van de hel bestaat tip, zelfs niet tijdelijk, kan ons ertoe om onze hoop op het eeuwige leven.

We zullen nooit in staat zijn in harmonie te leven en goed , totdat we weten wat de oorzaak is van ons leven, voor wat is om ons bestaan te houden en dat, in feite is dit einaiMporoume de mensen hier.

We zijn zeer goed aangepast aan de specifieke kenmerken van de middelste   sfeer zelfs in de eenvoudigste, en altijd   zal werken en er op een andere manier, deze   constante zoektocht naar het voortbestaan netwerk   types.

Mechanismen van adaptatie, zijn we altijd bezig   om de schade en de organisatie voorkomen dat   systemen voor het leven. Bijvoorbeeld, toen we onze kamer in het wilde weg, met de   tijden dat we in de crash, wonen   vuil en voorwerpen van alle kanten.

In deze situatie zou men iets moeten doen   aan het werk dat nodig is om energie te leveren om terug te keren   naar de vorige kamer georganiseerd, omdat   anders nooit spontaan bij hun terugkeer   oorspronkelijke organisatie.

Dit is een omkeerbaar proces, in tegenstelling tot   menselijke veroudering dat de methode   onomkeerbaar,   waarin   er   een terugkeer naar de ruststand Ook wanneer de werkzaamheden.

Het   grootste   deel   van   de   tijd besteed   onbewust op zoek naar iets, dat geeft ons plezier, handelend   door middel van onze gedachten, onze emoties, in het bijzonder   onze cognitieve vaardigheden.

Op dit moment kan het leven worden beschouwd   als   een   gebied   in   de   wereld gedefinieerde scalaire   continue variatie in één richting   continu   toeneemt   op   verschillende manieren,   afhankelijk   van   de   hoeveelheid geheugenruimte   die de snelheid ten opzichte van de referentie, en vonden   hoogste.

Nog steeds van mening dat de doelen van het leven

De uiteindelijke afstemming van alle energiebronnen, evenals onze zielen zullen een belangrijke rol spelen, omdat het zal fungeren als de afzetting van deze effecten accumuleren dan een mensenleven.

Voor hen zal deze energie worden uit de wereld persoon, maar het was verschillende functies en meer abstracte en kan alleen worden ontwikkeld door de omzetting van energie en als een direct gevolg van onze acties.

Tijdens deze opgeslagen energie, onze acties zijn altruïstische voer het bedrag in en egoïstische acties die we in verval toegepast.

Ze geloven ook dat wij allemaal bij de geboorte, ontvangen
waarde *standaard* deze energie, op voorwaarde dat de gemiddelde energie van alle levende wezens, en deze keer, deze oscillatie hangt af van de acties van de levende persoon.

Dit betekent:
- Om dit niveau van botsenergie hebben direct naar onze beweging en naar andere niveaus van het leven en het bepalen van onze spirituele niveau in deze nieuwe positie.
- Voor het leven, deze laag kan direct op te treden is het eindresultaat van de evolutie.
- Ontvangen van een aantrekkelijke functie

Transformatie en derhalve niet mengen in de gehele bestaan van de relatie.

Al deze verbinding in plaats van wat bijdraagt aan de continue ontwikkeling Licensing proces van accumulatie en muilezel macht.

Het grote doel van het leven is om te bereiken alwetendheid en almacht, waarbij de essentie van ons allemaal, zijn nu slechts relatief en tijdelijk.

Maar het feit dat we er echt toe doen , de intensiteit van het moment.

Ons leven niet alleen in de lengte te doen.

Korte leven een intrinsieke waarde heeft, altijd om de spanning waarin we leven van elk moment te creëren voor verleend en kan een manier zijn existencia nieuwe kleur, een nieuwe smaak en een nieuwe richting.

Dit geldt vooral voor de intensiteit wij, het aantal doelpunten dat stimuleren en, hoe te handelen, selandoum betere toekomst voor iedereen.

Onze geest is een combinatie van de zintuigen, waarneming, gedachten en bewustzijn.

Daarom is het belangrijk om tijd te vinden in wijsheid en begrip van de praktijk besluiten vastgelegde evolutionaire levensloop, niet achteruit.

- Wow, interessant dat het onderwijs en Johann conceptueel complexe - zei.

Grijpen het moment, en gewoon uit nieuwsgierigheid, is binnenkort te vragen over hun religieuze overtuigingen en aan alle bekende godsdienst uit te oefenen.

Zonder aarzeling, Johan, reageerde hij negatief, maar de meer specifieke boeddhistische leer, maar niet in de praktijk, en snauwde ik terug naar het onderwerp.

- Nou, Johann, Ik ben een praktiserend katholiek, maar ik heb altijd gerespecteerd alle religies, omdat voor mij, leiden allemaal naar hetzelfde doel, dat is misschien meer contact.

Eerlijk gezegd, nooit krijg ik moe van hen
religieuze interpretatie, ik denk dat wat echt telt is de transformatie die kan leiden tot een leer van het menselijk leven.

Hij zei dat na al, Johann oefening ideeën, kwam ik honger en nodigde hem uit om naar de keuken om een hapje te eten.

Ik was erg blij met mij, dan.

Ik heb geleerd om tv te kijken in de kamer.

De andere dag wakker Snorri zeer goed, en ik was het lopen van het paard in het nabijgelegen meer, want ik wilde wat foto's van deze plaats te krijgen, terug te keren pas na de maaltijd ziet er veel, want de conferentie diner was al aan het denken over een aantal van de vragen Zou je willen dat een vriend om algemene vragen Johann onze oorsprong.

Kort na, heb ik geleerd dat helaas ik kon zowel Snorri en Maryh ziekterisico.

Voor mij, want ik moest opbergtas. Op dit moment, moeten objectief denken. In mijn geval onder overweging is voor de lange reis.

Bij het reinigen, merkte ik in de onderste lade tafel fotoalbum Ik Maryh - mits een aantal foto's en op zoek, ik zeer geïnteresseerd in de rivier was enorm exotische droog wast en een groot meer in het nationale park met weelderige wordt de vegetatie, zeldzame landschap van het eiland ,

Voor zover ik weet, flora, afgezien van de vorming van korstmossen toendra en verspreide berken, de rijkste en meest gevarieerde werkelijkheid was op dit gebied.

Want het is niet ver van de boerderij, nieuwe beveiliging kost een cursus om mij te ontmoeten voor dagen.

Na een goede nachtrust, heel vroeg, opende het raam, en, ondanks de kou, die versterkt werd, besloten de voortgang van de prachtige plaatsen die ik heb gekozen om te volgen, zelfs slapen in de werf.

Na een uur kwam ik aan een groot meer, het warm water is van nature ondoorzichtig was blauw.

In de buurt van het einde, kon ik zien dat sommige toeristen het voorbereiden voor een boottocht en zelfs Havia vacant, nodigde me uit om te gaan met hen. Clear concodei.

De boot nam ons mee naar een klein eiland, in de buurt van die is een mooi restaurant, dat werd overgenomen uit de voormalige werd gebouwd in de late tiende eeuw klooster , dit huis, maar goed gerenoveerd, bleek niet meer tekenen van de tijd te vergeven.

Zodra we aankwamen, werden we begroet door een aantal mensen met de monniken gewaden en snel te kunnen profiteren van het soort drank in kleine vaten.

We alleen echt nodig omdat de warmte een beetje, omdat het erg koud vanwege de sterke winden uit de Noordpool.

'S middags, het interieur van het restaurant, was de vriendelijkheid en koos voor de salade op het menu, een paar snacks *impasse* en een fles rosé wijn uit de Loire-vallei.

Na de lunch heb ik besloten om zelf te scheiden van de groep en het vinden van een nieuw huis, zie met ook, enkele foto's en oude eiland. Zonder.

Maar een hoek van de kamer trok mijn aandacht werd het zwaard vast te zitten in een rots, was ik gewoon in de volgende woorden: "Heindall".

Nieuwsgierig vroeg ik me af wat het woord betekent.

Ik weet dat, volgens de Noorse legendes, Heindall Asgard, de doelman werd gehouden, de enige manier om het rijk van de goden, de regenboog te voeren.

Enige tijd later, na zijn terugkeer naar het schip, ik juichen nieuwe vrienden en ik besloten om te gaan in de voetsporen van droge wassen, ga je gewoon door middel van deze website.

Tijdens de tour, ik dacht dat ik wist een beetje meer in deze stad, de Vikingen.

Ik weet niet veel over hen, maar ik denk niet rammen Fo alleen piraten, maar grotere bedrijven, kunstenaars , en de kolonisten.

De plaats is echt koud was zo intens nationale dag waarop hij besloot om terug naar de auto te gaan na het nemen van enkele tientallen foto's, sinds kort na tifarma.

Onlangs was ik blij om uw ontbijt in de ochtend en praat met Snorri, die ook won.

In die dagen was ik op een boerderij, besefte ik dat er een zeer verantwoordelijke kind voor zijn leeftijd, met het grootste deel van zijn leven te helpen van zijn vader stoagroktima werk, en het leek.

In het weekend Snorri gezegd om te ontspannen, om te verblijven voor een lange tijd, zittend op de rand van de kreek in de buurt stromen, vissen en praten met vrienden die er altijd waren.

Eens, op zondagochtend, op uitnodiging van John, de drie van ons gingen paardrijden in het midden van de bevroren woestenij, waar het landschap was allesbehalve gewoon.

Eerlijk gezegd, heb ik een beetje aan de achterkant geweest
Paard, had ik de gelegenheid om Johann en start Snorri, maar ik goed verdedigen.

In ons avontuur met de omgeving, soms met kleine bergen deparávamos realistische kleuren.

Ik denk dat door vulkanische activiteit in de omgeving , zelfs laat de sporen beperkt gele zwavel, bijna altijd gepaard met verspreide gaten.

In andere gevallen, komen we aan bij het steilste punt, want hij stopte het plaatsen van paarden in veilige plaatsen.

We liepen al een tijdje, dus we kunnen praten en genieten van de diepblauwe zee Sandur badkamer, delta zand zwart, enorme rotsen, vulkanen en diverse rivieren aflopend gletsjer, maar helaas niet in de positie om te leven, om hun akkers te geven.

De omgeving die we hadden was vol vogels.

Veel soorten zijn wijd Winterkoninkjes en meeuwen, maar er zijn andere types, volgens Snorri de informatie die ze leerden het groot molenaars kolonie papegaaien papegaaien en ganzen.

Ik kon duidelijk zien de uitdrukking van deze plaats Schitterend foto dualiteit nooit schel vergeten.

Voor mij is de aantrekkingskracht van dit eiland is het gevolg was van de wildere kant, die werd gemengd met het kortstondige schoonheid van ijs en vuur geïsoleerd veldslag tussen gletsjers griezelig en donker blauwe kegels vulkanen.

Nu was ik alleen aan de keukentafel en de afsluiting van een heerlijk ontbijt mijn ervaring gevuld stuk chocolade taart met slagroom, feitopor Maryh.

Het was een zeer introspectief, zo hoorde ik in de verte, in navolging van het geluid van de hoorn. Ik kan nu al voorstellen dat het zou, aan de andere kant, kan het iemand anders te zijn, want het filter was de komst van Jozef, de geregistreerde jonge directeur van IT en Johann uitgevonden.

Het was een paar jaar geleden, besloot hij om een fan te worden van zijn oorspronkelijke leer van de monniken op het eiland leefde doorzocht einde van de negende eeuw en meerdere keren we complimenteren om hen te overtuigen om de vergaderingen bij te wonen elke week, die steeds zaterdag en werden gevonden in een oud klooster plaats in de buurt van de dorpsboerderij.

Er zijn tientallen mensen verzameld in het kader van de activiteiten in verband met meditatie.

Tijdens shock, heeft me altijd verteld dat deze praktijken alleen maar voordelen waren waarschijnlijk een van de meest effectieve methoden, als we op zoek zijn naar isorropiaEsoterikon als het regelmatig beoefend kan worden als een krachtig wapen tegen ons gezien emotionele instabiliteit.

In mijn mening, ook al is het een beetje absurd, want het is bijna een expert op Vergelijkbare meditatie, en echt leek te weten veel over deze methoden duik.

Deze dwingende positie, zei:

- In deze   tijden, verbeterde ik, God zij dank, ik begon   aan mijn wijzigingen zo emotioneel   te   onderzoeken   als   ik   werd gemarteld.

- Wat heb ik gedaan?   - vroeg ik, waardoor   zijn rechterhand op het hart.   - Ik denk dat het was slechts een   kwestie van dezelfde   plaats, een   manier van   waarnemen dingen,   want ik begon met mentale toestand als   mijn leven is in transitie.

Toen gaf Joseph   Ik was depressief en zei toen:

- Ik geloof echt dat dit alles is het moeilijk   om te zoeken naar innerlijke rust, en om   eerlijk   te   zijn,   soms   heb   je   echt professionele hulp om ons te leiden Deze prestatie nodig - voltooid.

Joseph   verschijnt   compromisloze persoonlijkheid en deze   lijn plotseling besloot om me te vragen of ik had het idee van   de drie moeilijkste dingen in het leven.

Ik ben enigszins verrast door zijn vraag, ik zei dat   ik of ingebeeld.

Toen zei ik lachend:

- Gemoedsrust, goed gebruik van de tijd en   echt vind je soulmate.

- Hmm   , ik denk dat ik het met u eens - antwoordde ik.

Na een korte pauze, Joseph bleef haar gewicht.

Je weet vanaf het begin dat me tot de vergaderingen van het klooster te wonen, was het feit dat er een aantal vernieuwingen die leek bevat ten opzichte van de traditionele meditatie, interessante cursus, die een direct gevolg is van de impact.

Was de kartuizers, de meest traditionele en goed bekend in het Westen. Tegenwoordig is het heel gebruikelijk op het eiland, ver van die welke worden gebruikt, is er mediteren om rust te vinden.

Later ook hij koos voor de opdracht, op basis van ervaring, het effect van stress in zijn emotionele balans.

Het was een overtuigend Joseph, altijd met veel argumenten.

Johan, die in de buurt van waar was, Verklaringen van zijn broer, die vertelt ons, in feite, het onderzoek in relatie tot de menselijke ziel, het overwegen. Bovendien, van wie sommigen hebben deelgenomen aan de workshops, wordt het alarm altijd gepresenteerd als de basis van al ons lijden en emotionele Dan...

- Niet beperkt tot een bepaalde fase van het leven   , of een groep mensen, vanwege hun speciale opleiding, alle menselijke situaties,   die direct werkt in het centrum van onze emoties, waardoor mentale stress lijkt te   obektivnost.V hebben dat moment realiseerde ik me dat er iets was Johann   tevreden met de inhoud van de cursus en zelfs   om hun ervaringen zo welsprekend uiten,   vooral zinvol wanneer zwaaide, en Jozef, en ik   aandachtig geluisterd.

Ik hou vooral veel van deze vragen quecentrarse op menselijke emoties   en Joseph toont   tevredenheid   liep als   informaçõesvindas van Johann.

Op dat moment, zware regen begon te vallen in Boerderij, het onderbreken van de discussie en besluitvorming Johann tijd   de zorg voor de verschillende taken die in de buurt waren.

Joseph en ik ging naar het dak van het huis en blijven praten, want ik wilde meer uitleg geven over meditatie technieken die zijn ontwikkeld op het eiland.

Echter,   vanwege de sterke storm werd spatten   We zijn ook begonnen aan waar we waren in het   balkon, we lossen onze bontinuamos chatten   kamer.

Zodra ik binnenkwam, merkte ik dat de tafel was hoek van de kamer   een flesje   vloeibare slak voorbereiding van Johann en hij   medyosmo serveer direct de resterende likeur.

Na het nemen van een slok, wilde Joseph om duidelijk te maken   dat, ondanks het vinden van uitstekende technische   meditatie heeft mij ervan overtuigd dat ik nooit het bereiken   hoogste niveau, zoals de staat van de bekende   "verlichting", maar in ieder geval, ik geloof ook   dat zelfs wanneer toegepast op een oppervlakkig niveau,   kunnen we eigenlijk te bevorderen   of   te   vergemakkelijken Bezoek   emotionele stabiliteit.

- Weet je, Jozef, ik denk dat onze levensstijl,   moderne   stukken   zoals moeilijkheden met   het geven van een gevoel van geluk, omdat, zoals het wordt gevormd   Nye plannen rivieren, vaak te maken.

Een aantal obstakels die de enige hinderen   goede   socialisatie   ons,   ongeacht de   context.

Dus, probeer dan altijd met een open geest,   proberen de nieuwe apparatuur die past   u het bereiken van de beste balans maakt me   meer productief en gelukkig leven.

Scherpstellen een beetje meer op de menselijke relaties,   bijvoorbeeld op het werk, in lijn met de ervaring.

Heeft door de jaren heen opgebouwde, denk ik, voor een gebouw individuele succesvolle carrière, niet alleen je *kennis* of is apparatuur, maar het succes is moeilijk , de kwaliteit van de mensen die weten dat het succes van de toekomst, natuurlijk, is niet eenvoudig , een product van zijn , want hij had de mogelijkheid, maar hoe kan het ook met degenen die verzoend of in een keer een ander deel van zijn professionele leven en helpt met of vertragen uw manier.

Als mensen hebben het recht om deze vaardigheid te ontwikkelen in het omgaan met mensen in harmonie, de capaciteit afneemt emotionele schommelingen.

Omgekeerd, als je zo'n kans overtuigd dat de problemen te vermenigvuldigen, wat leidt tot sociale uitsluiting en de concurrentie, en dat is de druk hoog, schade minimum saldo zo noodzakelijk voor realizaçãoespiritual ontwerp en ontwikkeling.

In mijn mening, dit is omdat het doel van ons leven is vooral te maken met het concept van de menselijke relaties, en hoe meer je geeft hem om te begrijpen dat dit de essentie is van het krijgen van een duidelijk idee van de kosmische wezens, die in de het openbare leven is veel meer zinvolle en vruchtbare.

Na mijn gewicht ineens heeft besloten dat het zou zijn om het klooster te bezoeken, zoals Jozef gezegd, alleen maar omdat ik het gevoel hem dankbaar, in het licht van de lopende kennen hem. Dus zaterdag ging ik met hem deel te nemen aan meditatiesessies.

Eenmaal daar, hij stelde me voor aan een bijna blinde oude monnik, Nieuwsgierig, vroeg hij waarom de eerste eeuw monastieke IX koos dit eiland te leven.

Hij reageerde snel, en merkt op dat op dit moment, deze monniken streven ernaar om het evangelie te beleven in perfect mogelijk. Voor dit soort leven, die werden gedoopt door sommigen als "scant de weg van de christelijke volmaaktheid. "Een van de monniken, hij gracian genaamd um echt liefde in Christus altijd enthousiast op zoek giachristianiki perfectie en om dit ideaal te bereiken als de wereld en haar verlangens en stortte in strijd met de andere gebieden, om dit fantastische eiland apomonomenosti midden van de Atlantische Oceaan, waar zij vonden dat de kluizenaar broers die dezelfde idealen het.

Natuurlijk alleen de tijd en getuige bet ter hoofdpersoon begon dit prachtige leven.

De monniken geleid door Gratianus, aan het einde van de negende eeuw.

Ongetwijfeld, tijdens de film, je moet vangen elk detail van het dagelijks leven van de monniken, alsof Dimensional deel van de film die laat zien was een voorbeeld van het dagelijks leven, en, natuurlijk, geschreven op hun gezicht meningsuiting, het geluid van voetstappen, de belangrijkste gangen van het klooster, die werd gebouwd door de harde en pijnlijke ergasiaexoplismou.

Nu, vandaag, de mensen vinden van de juiste oriëntatie te moeilijk om vrolijk en moedige geest te cultiveren.

Hier zien we dat de mensheid moet echt meditatie of de kunst van het niet toe te geven aan de morele en vooruitgang zonder God.

- Jongen, altijd onthouden dat vrijheid geluk hebben ruimte nodig.

Ik stemde toe, met een kort knikje besloten, bedankt voor de update, en ondanks niet betrokken lust voor het hele gebied was in een van de sessies in wachtstand verschillende kamers van het klooster, maar liep door de gangen, volgens de verschillende fasen de werkwijze gevolgd door vele meditatie atomen, elk van durende enkele uren onder toezicht van verpleegkundigen.

Bij deze techniek, met de nadruk enkele van de Herziene begrijpen de dynamiek en het belang van het contemplatieve leven.

Ik denk dat het meer geheim te winnen begrijp ik niet.

In een van de studentenhuizen, een kleine zaag "Dit Silence": doos met de volgende zin

Moge de Heer zegt het woord in onze zoals het is.

"Ik heb op mijn telefoon opgeslagen.

Vandaag, ik schrijf, ik weet niet zeker of ik ooit esquecerei.

Ik was getuige van de gegeneraliseerde gevoeligheid klooster essay dat in de nacht van kracht werd

"Eenzaamheid sound" het geluid van regen, brandend hout gekraak in de oven, de onderdelen lade met fruit, een glas water op de tafel, het verplaatsen van containers en schep sneeuwruimen in een van de bestanden.
In de hal, de kamer meer geïsoleerde, ik hoor monniken zingen in
Zeer rustig, het soort nummers als Gregoriaans.

Hij leerde dat de drie aanwijzingen die hebben geleid tot het leven is extreme stilte, eenzaamheid en zijn eenvoud van de songs, behalve voor de momenten.
Tot mijn recht was de ingang van een kleine kapel, binnen het klooster en besloten om te bidden en om uit te breiden een beetje soul.

Die nacht, op het einde van de vergadering, vergeet dan niet Waardeer en hoe deze klokken waren mooi, deze accenten.

Maar wat mij het meest indruk is dat de plaats niet   , en deze prijs was niets om te gooien met de stilte   leek om een cursus te houden, want dan ervaren   duidelijk de intentie van het geheel, en niet alleen   geruchten stilte, maar   voor   de   methode   wordt gebruikt, gericht   op de opleiding van de mensen die er waren.

Het doel van deze monniken was het begrip van de verbetering van de   mensen in deze kleine details die markeren   het leven, die bijna altijd leeft onder runs   reguleren de drang en de wil om te slagen.

In feite, op dit moment was ik in het   klooster   was   talrijk   en   welvarend   te begrijpen informatie over het   werk   van   de monniken, in de keuken, in   de cellen, het vergroten   van   de   macht   van   de   rustige sessie   tot het gebed, de scène waar de monnik de kat voeden,   van vreugde en dankbaarheid aan de val in de sneeuw.

Niet te vergeten, natuurlijk, beelden van de natuur   , zoals de prachtige omgeving als de bomen dansen   ritme van de wind en de mooie hemel omarmde   de partij die willen het landschap te beschermen.

In de late namiddag zijn we op de boerderij en keerde de auto,   ik dacht dat ik zou deze tour doen omdat het   overtrof al mijn verwachtingen.

Hij vertelde Joseph om vrede te creëren in het leven is erg belangrijk, vooral voor een stadsmens als ik, omdat de moderne verstedelijking en uitbreiding van de buitenlandse toenemende mechanisatie verhoogt de complexiteit en de vermindering van de gemeenheid van ons leven, en heeft gesloten:

- Alleen als we zijn kalm, we in staat zijn . om dingen te zien zoals ze zijn ik denk dat als we rustig waarheid kan nadenken over dingen, wat duidelijk aantoont creativiteit, wanneer uitgedrukt in een rustige en harmonieuze geest.

In mijn mening, hoewel de toestand van rust is ons leven, se continue precisaser geest is gestructureerd in onze geest, kunnen worden verwaarloosd , bijna wild, maakt ons verliezen onze professionele stof en chaos te bevorderen in ons leven. Joseph vertelde me dat hij lees net Grote boek van de Indiase Lama, die aanbood geschreven vele woorden van wijsheid, zonder twijfel, zou een grote hulp voor degenen denken van mij.

Het boek is een voorbeeld van dit probleem en rust vraag

Wat denk je rust? Dit is het begin van een heerlijke dag, met de zon door de bladeren, hun zwijgen is vaak overeenkomen onderbrak het geluid van de vogels , de geur van vers gras achtergrond?

- Er is zoveel rust je nodig hebt? Retrucou het.

Ik dacht even na en zei:

- Regards, Joseph, soms was ik sceptisch of het in onze ziel, deze voorstelling vrede is erg moeilijk.

Jozef zei tegen mij:

- Dit boek wordt ook gesproken over dit en zegt dat, als de natuur geen sprongen maken, veranderingen in onze gewoonten meer heel langzaam gebeuren ingesleten ook.

Bent u $ 1 revalidatie-oefeningen leiden.

Wanneer u begint met geduld en het ontwikkelen van de stilte van de geest in ons dagelijks tot INS snijden en versterking.

Alle gepacificeerd man definities alledaagse nicks, verzachten het ego en ongestoord echte vrede terwijl geïnstalleerd in het, die fungeert als een luifel die beschermt tegen de chaos van het moderne leven.

-Seriously, Joseph, Ik vind dat je altijd beschermen de niet aflatende monotonie van het moderne leven, in de vorm van overmatig overmatige vreugde, en veel van de auto's in de oorzaak van de onbalans in onze gevoelens, en we zijn allebei op zoek naar.

Je weet wel, Jozef, ik denk dat we allemaal, in sommige poging echter win een minuut geest, maar , omdat dit vermogen is het vermogen en elke tinproetoimasia in dit leven afhangen.

Kort nadat we op de boerderij, en voor ik arriveerde om te zeggen afscheid, bedankte hem Jozef, zeggende dat deze tour was onvergetelijk voor mij.

Familie van Joseph woont in een dorp in de buurt van de dieren, niet meer dan 10 minuten.

De volgende dagen waren erg interessant.

Ik was erg blij dat ik de gelegenheid had om deze oase van natuur, die werd geïmplementeerd te ontdekken in deze boerderij, en woont met zijn gezin in de loop van de week. Natuurlijk had ik een paar vrienden
voor de rest van mijn leven en ik hoop dat je snel em bezoeken Brasil.

Hij bedankte iedereen voor een lange tijd, als de installatie zeggen Maryh en Johann mochten omdat ze dit stukje paradijs verloren in de Atlantische Oceaan.

Snorri bewoog me toen ik zag dat de ogen van marejados. Zonder twijfel een bijzonder kind.

Mijn tassen waren al in de auto en ging naar de hoofdstad van het eiland. Daar vliegen naar Londen, en drie uur om daar te blijven voor twee dagen om vrienden te bezoeken in Cambridge, en dan terug te keren naar Brazilië.

Op de manier waarop ik gingen meerdere gigantische vulkanische spleten, tektonische platen veroorzaakt de scheiding tussen Noord-Amerika en Europa.

Ik dacht na over mijn reis, de mensen die wisten,
Boerderij, en het grote avontuur dat is ons leven, we hopen dat bijna altijd op een wonder, iets speciaals, en soms is het nog steeds gebeurt.

Ik was deze reis dat we leven allemaal in te zien   Bath zintuigen, waarvan slechts een klein   deel van onze aandacht.   Daarom zijn wij op zoek naar   nieuwe plaatsen, nieuwe mensen, religie,   kunst, wetenschap, de zin van het leven.

Echter, dit antwoord is niet buiten maar binnen   ons, en   daarom   kunnen   we   nooit vergeten   , schijnen we   geboren zijn, anders zijn we gedoemd   om een saaie bestaan te leven, betekent niet dat het succes of   geld, maar gewoon een goed gebalanceerd leven   geleefd ,

Je moet altijd optimistisch, alert en wees   bewust voorwaarden die nu werd hij geboren en   het vermogen om rijk, en pure essentie van de edelste krijgen   ieder leven voor miljoenen mensen   die stroom naar alle delen van de wereld, uitgedrukt in   deze fantastische licht lopende financiering   gemanifesteerd door middel   van   liefde,   vriendschap   en   alles pragmatikes veel waarden.

Dit dient het belang van deze te minimaliseren Emotionele aanvallen en proberen om ons te   leven oase van positivisme, altijd proberen   om ons bezig te houden, zodat de emotionele trillingen van   verre ons hart en ons leven.

De handeling van het gelukkig zijn, geen ironie, maar Prestatie kan bewegen op zijn eigen.

zijn en accepteren dat het leven waard is geleefd,   maar alle problemen, misverstanden en tijden van   crisis.   Integendeel, stel het oversteken van de woestijn buiten wil   , ja, maar in de plaats, een oase in Zie onderaan uw   ziel elke ochtend Dank wonder van het leven.

Ik was erg blij met de auto, en deze keer   liep mijn laatste mijl eiland.   De bomen zullen mijn niet belemmeren   visie zou kunnen worden verminderd door de Vikingen stoxylo toen gekoloniseerd, het eiland in de tiende eeuw,   dit is slechts   een hypothese.

De rest van de rit was rustig, de weg was bijna   geen verkeer, en ik weet niet zo borstvoeding waarderen   natuurlijk vuurwerk tot na over een   berg, zag de verte, aan de horizon, witte vlek,   de hoofdstad was.   Ik gaf mijn escolhiporque alle   bijzondere charme toen hij zag op het internet, het beeld als magie, onwerkelijk, als het linker   mooi.

Dit eiland heeft een relatief nieuwe formatie, zonder   huis, maar eindeloze strijd tussen culturele   verschillen door het gebied en   de krachten van de natuur die niet geeft om op te dringen, evenals   het herstel winsten Soms zijn mensen   bezetten het gebied van werk en vastberadenheid.

Deze vijandigheid van de natuur uiteindelijk verenigen mensen om de democratie, met een perfecte harmonie, en sociaal beleid.

Een van de dingen die mij het meest onder de indruk van deze plek was, zonder twijfel, de Aurora Borealis.

Een waar spektakel van licht dat in het verschijnen lucht veroorzaakt door de geladen deeltjes afkomstig van de zon om de aarde te bereiken, het is ook de directeur van de polen van het magnetisch veld, waardoor
Light Effect, maar het spektakel van de natuur, waarvan de intensiteit hangt alleen af van het niveau van de zonne-activiteit, of hoe hoger de intense zonneactiviteit zal oplichten. Ze kunnen verschijnen als vlekken, strikken, linten of lichte dekking. Sommige lichte beweging naar een andere puls mooie dansende licht.

De winters zijn lang en koud, de zomer gebeurt niet alleen een paar maanden tijd, maar ik zie niet het eiland ontevreden.

Uw mensen hebben al meer dan duizend jaar oud leven, op zoek naar harmonie met de natuur.

En evenwichtige en vreedzame coëxistentie met het milieu die deze mensen zo gezond en gelukkig maakt.

Klimatologische omstandigheden   voor veel jeeps en ongebruikelijk, omdat pneus super move dat   geeft hen een enorme lucht, maar ook voor te bereiden op   slecht weer, zoals sneeuw en ijs.

De hoofdstad was, op zijn best, kan niet echt   een verplichting aan de stad en zie enige   plausibele verklaring lijkt te houden,   is een eenvoudig fluitje omorfiaakra.

Hoewel afgelegen en donkere dagen van de winter en   de zomer, met zonnige dagen, op elke hoek, is een   mooi, straalt een unieke demonstratie   eigenlijk waar ontmoeting tussen mens en   natuur.

De bewoners werken hard, zodat deze stad is vol spanning en internationale evenementen   in bijna alle stations.

Binnen enkele minuten, het hart van het kruis, maar   echt niet.   In het ideale geval, laat zachtjes   heen en leert, zijn omgeving, de straten,   gebieden, waaronder enkele van de meest belangrijke punten van   belang.

Ik zal nooit vergeten deze kleurrijke huizen, fresco's, een aantal rotsen en de vriendelijkheid van de koffie   altijd in goede staat.   Een deel van de straten, langzaam
Kijk naar de details van een aantal van haar wateren   zijn warm, op deze manier, bijna elke stad heeft een   klein zwembad, en elk met zijn eigen kenmerken   eigenaardig.

Er is een beroemd met gewelfde plafonds, overdekte verouderde kast en balkon, een verwarmd zwembad op een natuurlijke manier.

De bewoners hebben geleerd om goed te doen , de moeilijkheid, want ik had om te leren hoe om te winnen van de uitstekende kwaliteit van leven wordt meestal gevangen op een vulkaan aan de andere kant van de Atlantische Oceaan.

Het kan koud en duur zijn, maar voor mij om te reizen naar het eiland was fascinerend.

Het vreemde was de keuze. Ten eerste, het is was het doel achter de hand, als de tijd van het was winter, en dat uw dagen zijn erg kort. Maar dit is geselecteerd in deze tijd, had ik in mijn gedachten ingesteld dat deze de uitvoering van het reis was in orde, gemotiveerde diverse kranten van de tijd, de droom was vol met speciale aanbiedingen en om eerlijk te zijn, dus ik denk niet dat de sneeuw twee keer.

In feite, zelfs in mijn gebakken kip eruit als ik de kans om te zien eerder had mijn partij een aantal prachtige foto's van spectaculaire sneeuwstorm plotseling is opgetreden om middernacht, en, zonder twijfel, maar velden niet doorgestuurd van lava, waar hij werd gezien, en Ik heb de indruk dat ze vertrekken van me zei.

Toch was ik erg rustig binnen vliegtuigen en betovert de vele avonturen van mijn eiland.

Bij de start had ik een visioen van een prachtig klein dorpje in het zuidwesten, dat werd dus voldaan een ongelooflijke zwarte strand omgeven door rotsen.

Legende van mening dat het bereik van de drie rotsen boven waren eigenlijk drie elven werden de eerste stralen van de zon eerder op de dag, bij het trekken van een boot aan de wal.

Al in de verte zag ik de meest verbazingwekkende deel is de top van de mooiste dingen die ik zag tijdens mijn wandeling dit land van contrasten.

Het was als een groep *van ijsbergen* in een andere grote scheiding proces dat volgde op de zee, aan anderen al verloren tegen de achtergrond van de schoonheden sluiten van de Atlantische Oceaan. Het fonds en ook over de beroemde zon in een paar roden om middernacht.

Dit eiland is bijna alle topografische wonder scherp als gevolg van vulkanische uitbarstingen vóór produceert ongeveer 25.000.000 jaar en kan worden beschouwd als een echte land van vuur en ijs.

Langs ging naar Blue Lagoon, een van de belangrijkste punten van de tour, ik had de indruk dat in een andere dimensie . De vreemdheid van het landschap

Uit de verdeling van de inwoners, gelegen in
Kapitaal, waarbij meer dan de helft van de bevolking.

De mensen lijken voorbehouden, inclusief vermeden , maar goed opgeleid en logische bewustzijn en een sterke ecologische al volledig geworteld in zijn onderwijs.

Ze zijn zeer geïnteresseerd in delicate balans van de natuur op het eiland.

In een meer objectieve, dit land maakt gebruik van haar middelen zonder ze te vernietigen.

Deze reis heb ik de ruimte, geluid en stilte, de wind bijna ongerepte landschap en vooral de wens om meer te leren.

In feite, vond ik een stukje van de hemel op aarde, en voor degenen die weinig gevoelig verstrekt uniek in de wereld zal zijn.

Het is een voorbeeld van het uithoudingsvermogen en de moeite waard de werken van de mens en de natuur, zonder fout preventie blijft mooi voor altijd.

De vlucht drie uur ik aankwam op de luchthaven Heathrow in Londen, toen ik een jonge man in de lobby met een krijtbord, Mr. Diaz.

De chauffeur, die werd ingehuurd om me Londen naar Cambridge.

Ik zat in de auto een typisch Engels, zwart en oud.   Wat mij betreft, vroeg ik of het bedrijf werd,   uiteraard, snel weigerde en zei dat hij vrienden die mijn bezoek waren om *familie te besteden*   voor de maand van de studie in   UK Engels.

Ondanks de korte tijd waarin we leven, alleen   afeiçoando veel voor hen, samen met de rest van de familie.

Hij was erg heimwee en kon niet missen   gelegenheid om te herzien hun poisteria dringend gaan   in Londen, Brazilië, want het was de route de meeste economieën, waar het vandaan kwam.

Eenmaal daar, de heer Winston was in de voorkant van huis   tuinieren.   Hij was een gentleman jaar   gezond.

Hij glimlachte toen hij me gevonden verrast   , na zoveel jaren, gaf me een dikke knuffel en al snel   zijn vrouw, die aan de deur verscheen en riep werd   lachend een kleine verrassing.

Deze dame was een typisch Engels jaar verstrekt   zeer goed onderhouden en altijd zo gekleed   elegant.

Hoe dan ook, een van de beste oude. Na deze drie beroemde kussen, werd ik doorverwezen naar   waar ik kon zien de twee mannen zitten in levende handel   met vele boeken en TV.

Na een kort gesprek met hen, ik   hoorde dat ze waren studenten, net als ik, een Frans en de   andere Israëlieten.

Na het zitten op de bank naast hen, en Ray zei dat ook hij een paar maanden, maar Winston Familia waren bijna vijf jaar, geliefde, familie, stad andall onderzoek aan het King College.

Toen vroeg hij of genieten van hun verblijf en natuurlijk. De Fransen spreken geen Engels, en ik zei gewoon ja, maar Israël met zijn Engels is zeer geavanceerde, zei hij dat hij het leuk vond en dacht dat het was cool, vooral tijdens de lunch in de eetzaal van het college, wanneer de studenten verzamelden zich bij de tafel , de verschillende delen van de wereld.

Op dit punt, ik knikte en hij, hij zei dat hij was, natuurlijk, voor mij, is ook een van de momenten beste plaatsen, plus, natuurlijk, passeren een uitgebreide bibliotheek van de universiteit, die vele prachtige en mensen net ontmoet hebben verrast.

Hosts oude vrienden en keerde terug met een dienblad met pannenkoeken de keuken, ik wist dat ik het leuk vond en zei dat het, vergeet onze tijd en aandacht van een aantal afbeeldingen.

Ze worden gebruikt om hun studenten gebruikt de wereld en probeer niet te repareren, omdat ik weet dat ze last hebben van de rebound, maar Voelde echt mist haar kleinkinderen en haar dochter, onze spellen, attracties en een groot park is ook interessant enkele van de *clubs* in Cambridge.

Mijn doel was om bij hen te blijven, maar omdat het huis   werd vervuld praatte een beetje en ging naar het hotel.

Na een bezoek aan zijn dochter, toen ik nog in staat om Brian en zien nilikes.   Als   ik wist dat ik zeven jaar oud was.

Ze besloot om een paar foto's te stoppen en het was echt geweldig, maar er was weinig tijd en besloot ook sport een beetje, zodat mijn reis naar de gondel één voor de Koning College.

Ik
wilde ook te gaan naar Oxford om te doe
n   van de voet lichtjes,
de schuld dat is gebeurd naar mij,
omdat dat de tijd niet geweest mogelijk.
In vervolgens terug naar Cambridge,
en de nacht en vroeg in de ochtend, ik
keerde terug naar het huis van Winston
op om te   praten meer en om te
zeggen tot ziens.

Ik   had lunch met hun gasten en hun studenten Brian.

. En ik   kreeg een   beetje - leaved vorm van het huis.

Zij
ook getoond een
sterkte foto's kleine scherm van
de camera. Dus het volksfront
alle de afbeelding ,
die ik nam van het zwembad, die werd
gevormd in de krater desVulkans Dus je
weet wel, de schildklier en artritis.
Τότε με κοίταξε με τα γαλάζια μάτι
α του και χαμογελώντας είπε προτεραιότητα
του ήταν η αγάπη,
Het geld en de gezondheid,
maar nu veranderde het geld en de gezon
dheid van de liefde.
Ik stemde toe
Z
u allemaal gaan binnenkant van het niet ,
maar denk dat het leek geweldig, in feite,
en dit is waar. In Inderdaad,
veel verder te leven jaren , want het
was tijd om te ontspannen een
beetje en te genieten
van wat het leven is voor altijd.
Dies die Zeit η γυναίκα του
μου είπε ότι έμαθε το σκληρό τρόπο ότι
η ζωή πραγματικά
Worth geraakt en alles anders bete
kent niets.

Op dan, glimlachend,

laatste zin datum van   inconsistenti
es en de Mrs. Winston,

dus niet waar?   Aan van   alle,

ook krijgen ,

om zijn belangrijk in onze   volwas
senheid en het leren.

We
hadden een mooie lange discussie met alle
 de leden,   met   inbegrip   van Brian,
nu ook had   12
en vormden sommige meningen tegenstrijdig
heden   Mrs. Winston, dus niet waar?

Dan door alle   inclusive van
Brian, nu   ook 12 jaar, en vormde een
aantal adviezen.

Door de tijd die het ontmoet ,
 lacht en plezier   maken met de capriolen
van haar.   Nu omgezet   uiteraard goed -
behaved kind.

Aan de maaltijd   .

De bus was terug,   Westminster.

In   de hal van
de internationale luchthaven ,
omdat de vleugel,   besloten om te
bezoeken   *een gratis winkel*   toen ik
zag een mooie   Rolex.

Αλλά όταν ήξερα ότι η τιμή δεν
καταλαβαίνουν μπορεί να είναι η πρώτη μο
υ και μόνο έμεινε στο ίδιο όνειρο.

Στη συνέχεια πήγα σε ένα μικρό εστιατόριο δίπλα στο κατάστημα κοσμημάτων Waar ik bestelde de favoriet van mijn drankje.

Bloody Mary , die het is in wezen een pittige mix van wodka, sap, tomaten, salsa, Worcestershire, Tabasco en het sap van de citroen. Dan door een adem zumschaute voor een ogenblik, de andere passagiers wilt u om te weten wat dromen en de idealen van.

Λένε ότι τα μάτια των ανθρώπων που λάμπει μέσω του ολόκληρη την εμπει ρία της ζωής και της προσωπικότητας,

Het is?

Van dergelijke een oogpunt tenminste . .

Dit zijn foto's die vertellen.

In een korte periode van tijd op Z het tijdstip van mijn observatie in het restaurant via door een reeks van standpunten van informatie, en zeker had veel te zeg gen, maar ik nooit nichtSie weten.

Naar aanleiding van dit, omdat we allemaal waren zo geweldig en mooi.

In Vervolgens liep uit van de deu r.

Binnenin het vliegtuig, heb ik besloten voor één van fileras verleden. Ik was erg blij, maar en een beetje als, want alleen willen om te zien de familie mij en de vrienden I

Vervolgens door alle.

Terwijl besloten de vlucht,
flipping via een tijdschrift, queprobablement
e vergeten passagiers gehaast,
en leest de tekst van Charlie Chaplin.

I Ήμουν πολύ εντυπωσιασμένος απ
ό τον πλούτο της του περιεχομένου
? απελευθέρωσης ήταν να αφήσω αυτό ε
λέγχεται στο τέλος αυτού του βιβλίου ,

Een paar uur later . Ya, ik
voelde me bijna bij huis.

Voor graad com Nigen dat niet
doen weten, niet weten wat je verliest.

Dit is een heerlijk gekke wereld
vol van mensen, een bar, The
View auto's, geld, armoede, ras, het werken.

Bekend als de stad die niet slaap
t nooit .

Een paar minuten later,
na de landing, was al snel in de kamer te
wachten op het vliegveld, waar ik
bestelde een taxi en reed naar
de kop Santos.

Ging naar Immigranten snelweg, zoals door een aantal van de beste van de Brazilië.
Een paar minuten later, als de afname in de bergen, zag ik uit de stad van mij. Dat het ogenblik, de emoties kwam en uit boven me en vult me met vreugde Maar om te lebten mit het doel van die is goed, is dat er betekenis aan het leven , we willen de liefde, de vriendschap en het g eloof in God .
Tot slot, alles . .
Λέει ότι είμαστε όλοι γεννημένοι γι α να φωτίσει αυτό το κόσμο και σε αυτό το στάδιο της ζωής We werken als een verhaal, dat is gemaakt door ons.
Kort na de terugkeer van mijn in huis .
Er zijn een heleboel goede s te worden geliefd Waar er was een goede maaltijd is opgewonden.
Το ανθρώπινο ον είναι ένα θαυμάσ ιο και ικανοποιητική εργασία από μόνη της . Στηρίζεται το ίδιο το μέλλον της τρέχ ουσας αποφάσεις και οι αποφάσεις τους λαμ βάνονται σήμερα από τηνεκπαίδευσή τους σ το παρελθόν ,

Πρέπει πάντα να θυμόμαστε ότι κά
θε μέρα θα πρέπει να είναι   ευχαριστημένοι
,

Het lijkt zo voor de hand liggende,
eenvoudige,   en het materiaal is mogelijk,
αλλά   η πραγματικότητα συχνά δείχνει ότι έ
χουμε   να κατακτήσουμε αυτό το ημερήσιο
ευτυχία και την επιτυχία αυτού τουεπιτεύγμα
τος
hangt op de kop van de wil van ons.
Ondanks het feit dat we allemaal
in
de zelfde ruimte in   het heelal,   Over Ore
n h en bij voelen de wereld.
Het
behoort tot degenen die durven,
omdat het goede   dat zal vechten met va
stberadenheid   om te
omarmen het leven en   om te
leven met passie,   om te
verliezen in de klas andto winnen met vrij
moedigheid.

Een reis naar het onbekende...

***

Jeep rijden en de vier wielen.
Goede reis, het
reizen doelloos uit nalatigheid
μόνο για να ζήσετε την περιπέτει
α και θυμάται τις καλές εποχές.
Wladimir Moreira Dias

Perimeter.

Probeer het !!!

Ξεχάστε τις δεσμεύσεις τους για
να ανοίξετε την καρδιά σας για
τον κόσμο και
vervolgens een duik in
het avontuur van Leb ens,
voor jou
Je verdient het.

Wladimir Moreira Dias

***

Van vogels.

Ze verliezen hun reis met al het leven
weet niet waar ze vandaan komen en
niet proberen te leren.

Wladimir Moreira Dias

***

Zie enkele klimmers.

Elk nieuw boek is altijd een nieuwe
reis en een nieuw
Mogelijkheid van emoties.

Wladimir Moreira Dias

***

Beroemde geisers.
Het leven slaat hard, en we zijn hier
ontdek hun geheimen.
Wladimir Moreira Dias
***

Afgezien van de agrarische zone.
Zoeken naar een nieuwe horizon, wat
ons drijft
volgen ...
Wladimir Moreira Dias
***

Prachtig uitzicht op het rustige meer.
Geweldig idee van de natuur.
Wladimir Moreira Dias
Camp Australiërs.
Wat een grote opluchting in mijn
reizen
Bijeenkomsten geven mij.
Wladimir Moreira Dias

∗∗∗

Zuidelijke stranden van het noordpoolgebied.

Reis helpt ons om onze verbindingen te bepalen en
Het opent onze geest voor nieuwe ideeën.

Wladimir Moreira Dias

Mooi beeld.   Zeer bemoedigend.

Altijd proberen om het leven te zien door de ogen van anderen, zoals is mooi in elke hoek ...

Wladimir Moreira Dias

∗∗∗

Deze paarden zijn alleen op dit eiland.

Bij het reizen, het allerbelangrijkste, voel de stroom
Leven.

Wladimir Moreira Dias

Slag van vuur en ijs land, waar dan ook.

Ik reis alleen maar om te gaan en voelen hun emoties.

Wladimir Moreira Dias

***
Schapenboerderij.
Reizen is de kunst van het leven te ontdekken.
Wladimir Moreira Dias
Na de kapitaalverhoging.
Te vinden prima, maar ik denk dat iedereen
Traveling mooi.
Wladimir Moreira Dias
***

Stad in de buurt van de boerderij.
Ik heb weer gereisd, omdat ik toont de expressie van het leven.
Wladimir Moreira Dias
Horse Farm.
De reiziger moet leren te maken met het hart.
Wladimir Moreira Dias
***

Moni.
Het leven is een lange reis naar het onbekende.
Wladimir Moreira Dias

***
Mooi contrast.
Investeer in een lange reis van dualiteit is dat we Bod.
Wladimir Moreira Dias
***

Bijna een witte vlek aan de horizon.
Vergeet niet om altijd op uw reis is geen plaats, maar hoe.
Wladimir Moreira Dias
###
Twilight is de dageraad. Schitterend!
Reis als een huwelijk, als Algemene Vergaderingen.
Wladimir Moreira Dias
***

Aan boord, samen met enkele toeristen.
Elke reis heeft zijn eigen geheimen.
Wladimir Moreira Dias

Vissen.
*Tijdens de reis zijn vrij van alle kwaad
en vloeistoffen
Geef je mening vrij te genieten van de
goede tijden.*
Wladimir Moreira Dias
***

De hoofdstad van het eiland.
*De reiziger mag niet, maar om
zichzelf te zijn.*
Wladimir Moreira Dias

***

De reflectie van het licht.
Reizen door het leven is onze missie.
Wladimir Moreira Dias
***

**Een van de straten van de
hoofdstad.**
*In zijn reizen heeft hij altijd een
eerlijk doel.*
Wladimir Moreira Dias

Gastronomisch restaurant in de hoofdstad.

De echte reizigers moeten nooit vergeten dat
We zijn spirituele wezens in een fysiek lichaam.

Wladimir Moreira Dias

∗∗∗

In   Restaurant.

Interessante dingen om je bewustzijn uit te breiden en
beter worden.

Wladimir Moreira Dias

∗∗∗

Skir.   Een typische maaltijd.

Als u nog niet, wees niet bang om op de harde manier te nemen, omdat zijn Zorg ervoor dat u veel leren over deze reis.

Wladimir Moreira Dias

∗∗

Deze auto is in de voorkant van de sneeuw is goed.
Als deze auto, bereid zijn om een avonturier te zijn,
gezien de moeilijkheden en hun grenzen testen.
Wladimir Moreira Dias

***

Archeologische sites.
Reizen Vergaderingen en onbekende risico's.
Wladimir Moreira Dias
***

Te koud en moed.
Bundels binnen hun horizon.
Wladimir Moreira Dias
Iceberg leeg.
We hebben gecreëerd, geven het gevoel dat de pulsen.
Wladimir Moreira Dias
***

Shop China.
De reiziger moet durven.
Wladimir Moreira Dias
Noorse toeristen Linda 20 jaar in de waterval.
Mooie rit door de intensiteit
Vergader- en niet door de tijd.
Wladimir Moreira Dias
***

Vikingschip.
De reiziger moet altijd denken
Fatode Er zijn gemakkelijk en leuk ...
Wladimir Moreira Dias
De parkeerplaats van het hotel.
Ik reis omdat ik hou van de mensen.
Wladimir Moreira Dias
***

***

Northern Lights.
Het leven is een wervelwind van emoties
ons bestaan is een wonder.
Wladimir Moreira Dias
***

Maryh, van Johann
I, *klasgenoten* **en Snorri.**
Het leven is een kunstwerk en live is intens
iets dat iedereen op zijn minst zou moeten ervaren
once in a lifetime.
Wladimir Moreira Dias
***

Londen
Grote zeilavontuur voel mijn
onontgonnen land.
Wladimir Moreira Dias
***

Ik vind deze foto leuk.
In mijn reizen is de vorm die telt voor mij.
Maak je geen zorgen over uw bestelling.
Wladimir Moreira Dias
***

Terug in Brazilië.
Travel heeft een nieuwe hemel geopend om de menselijke geest.
Wladimir Moreira Dias

In Porto.
Tijdens een reis naar de vriendelijke
was meer ontvankelijk.
Wladimir Moreira Dias
***

Vertegenwoordiger Santos.
Onthoud mij, als iemand die je nog
nooit van gehoord
het geluid van regen, maar ik heb
nooit gestopt met het geloven in de
kracht van
Sunrise en de geheimen van de
sterren.
Wladimir Moreira Dias

# # # #

De natuur heeft ons een heel speciaal
cadeau gegeven, en we
Dit helpt onze reis door het leven, dat
wil zeggen het vermogen
Vergeten ...
Dit is een fantastische mogelijkheid
helpt ons om de vele vergeten
wat ging weg in ons leven ...
Onze tranen ...
Op onze pijn ...
Wat ...
We wilden ...
Dit komt omdat het leven is de kunst
van vernieuwing
en het verstrekken van andere
herinneringen, andere dingen
denken en te zorgen ...

De meeste lokale Eilanden

***

*Het dorp ligt in het noorden, waar ik de gelegenheid had
Walvissen kijken, musea en scenario's
Een prachtig groen;*
***

*Mooie dageraad van een ander
vormen;*
***

*Amazing beach   ijsbergen   verloren in de
achtergrond
de zee;
Indrukwekkende waterval in de buurt van de hoofdstad,
en
Dit biedt krachtige energiestromen;*
***

*Unieke natuurlijke geiser, het stijgende water
tot twaalf meter hoog;*
***

*Westzijde, die de hoogste concentratie
Vogels, met een prachtig wit zandstrand, altijd
gevuld zegel;*
***

*Nationaal Park met veel groen en milieu
en is geschikt voor lange wandelingen;*
***

S   *Amerikaanse gigantische sculptuur die ik kon*
begrijpen
Beste gedicht van deze mensen;

***

Het gebied, in het zuidwesten van het eiland, waar het is
Het strand is omgeven door een grote zwarte rotsen;
***

Enorme vulkanische meer met fantastische
landschappen,
Omringd door bergen en in de buurt van koffie
De kerk werd gebouwd op het land lava;
***

Een klein vissersdorp, omringd door
Bergen, watervallen en vele boerderijen cabine   ***
Allos?
***

De plaats is letterlijk genieten uur
gewoon genieten van de rust en van het type zijn,
witte body gemaakt van silicium;
***

Exotische Valley, maanlandschap, met de verschillende
Krater gevuld met water, vormt de werkelijke pool
de vulkanen.
***

Op een levensles...

... In de stenen trap leidt naar de kelder van het oude klooster in de tiende eeuw, werd het gezicht verborgen door de kap.

Aan het einde van de trap was een lange gang
Aarde, tientallen deuren, en na een paar stappen de zware deur stond onmiddellijk op een kier houten beslissen de tafel waaraan hij zat, en begon wat aantekeningen maken grote boek, bijna zo oud als hij.

Het leven is een wervelwind van emoties en onze prachtige wonder.

Dit is ons korte verblijf hier, je kunt nooit de test uit te voeren, omdat de pijn is altijd burilando is in ons hart, terwijl we leven.

Iedereen kent de beroemde woorden van Christus, "Doen   uw kant en ik zal mij doen. "

Dit onderscheid is niet makkelijk, maar er is altijd   een kans om te leren en om te heroverwegen onze   relatie alleen maar klagen over het leven, is om te voorkomen dat   de opgelegde verplichtingen.

We zijn intelligente wezens op deze planeet, en we moeten   , wat om zich te ontdoen van al onze gehinderde   voortgang.   Na de goedkeuring van het leven niet klagen, maar   het zijn in de aanwezigheid en uw begrip van   continue transformatie, is de enige manier om het licht   van de kennis.   .   .

Deze actie en reactie in alles, wat   een persoon in de wereld, op elk moment,   de natuurlijke beweging van het leven.

Als om welke reden dan ook, probeer ze te negeren, deze   veranderingen om dingen voor verandering   echt klaar voor dit, natuurlijk, en deze strijd   heeft verloren als gevolg van die persoon, zonder een systeem van   classificatie, waarin ik woon, is bedoeld onvermijdelijke nederlaag ,

De oude monnik was alleen in zijn kamer, en ging over tot een handdruk te schrijven ...

We moeten begrijpen dat het leven verder gaat, en dat is een element van de natuur, en dus moet zorgen voor onszelf, met onze belangrijkste wapen. Dat wil zeggen, de cognitieve vaardigheden en moet de prijs van deze hebben de dingen die ons leven ten goede gebeuren ,

We krijgen altijd ontdoen van het stof van de vooroordelen en zien de dingen duidelijker,
Development.

Er zijn twee fundamentele vormen van energie, die de basis van deze zijn tijdelijke verandering van het leven en onze diensten.

Beide is even belangrijk dat de wijziging in het verzendresultaat van de transformatie en evolutie
sinds de retentie en stuurt em eeuwigheid.

Op zoek naar aanvaarding van de dingen zoals ze zijn,
betekent niet dat we blindelings aanvaarden één van de doelsoorten, en mag niet het slachtoffer van omstandigheden, zoals onder te brengen. En neem geen geval acomodar-ALDiaforetika als we beseffen de waarde van ware innerlijke mouw, deze aanpak bevrijdt ons en geeft ons,
Dus een verandering in een bepaalde situatie of niet, afhankelijk van wat het beste werkt voor ons.

Alles verandert de hele tijd, en deze grote waarheid is de basis van het leven.

Als we bereid zijn om dit feit te accepteren, maar natuurlijk, lijden veel minder voorbereidende activiteiten, want alles is voortdurend in beweging, we begrijpen dat dit tapragmata voor wat ze zijn, of hoe ze handelen als een passage.

Voor degenen die de kunst van het onder de knie hebt aanvaard, wetende dat dit is een kaartspel genaamd leven, is er geen plaats tot plaats, en heeft om te spelen de hand om de best mogelijke manier te krijgen, en niets kan kennis belemmeren licht om ons te bereiken.

Doorheen onze geschiedenis, de mensen,
Extraordinaria bleek grotendeels afhankelijk van de tijd , waarin zij leefde als referentie voor wat er
De tijd, in dit geval was het niet anders. Niet om te vechten, alleen maar omdat het was niet genoeg.

Als u op zoek bent naar de dingen in het leven, zoals een stuk makkelijker om wat hun doel te analyseren op het moment, en waarom het is echt wat het is. Deze relatie zal ons helpen om onze richting te kiezen, omdat wij duidelijk en dus ook een dieper inzicht in de situatie die is ontstaan.

In deze context, zijn we beter in staat om te bepalen of iets gebeurt, zoals natuurlijke of bevechten.

Zoals met alle regels, is er altijd de uitzondering dat de kunst vertoont eigen. Er is altijd een factor te worden beschouwd en wat sommige geluk, dat wil zeggen op de juiste plaats, tegelijk geschikt voor de juiste persoon om een groot verschil te maken veel succes in het leven.

Echter, het heeft ook goede voorspelling regel , omdat alle niet toevallig bijvoorbeeld de inspanningen kunnen helpen.

Zoals we de voorkeur deze keer optreden meerdere keren tijdens ons leven; differentiële in sommige hoofden ingeschakeld Lynx, als de ogen en de geest met het oppervlak meer duisternis kan het verschil maken. Deze overwinning.

Daarom gebruiken we de meest belangrijke vaardigheden en dat zal zeker helpen de zoektocht naar de uitvoering van de werknemer op aanvraag.

Nou, de mensen die in de reactie   tijd, de   overgrote   meerderheid   van   de vertegenwoordigde   eind bevolking om zichzelf pijn doen en vaak
zeker in gevaar brengen hun toekomst en hun geluk.

Het leven de geschiedenis leert ons dat we   allemaal   lang   verdient,   en   velen   die hadden   nogal.
Anderen waren zelfs niet waardig van de beste van het seizoen, maar   omdat het succes niet altijd winnen, bezweken aan   de lijsten van onze samenleving rechters   meer van onze fouten dan onze deugden.   Het leven   is een constante strijd volk woede tegen het   menselijk vernuft en vaak vechten met listen
Malice en hypocrisie.   Om dit te doen, is het belangrijk bij   het ontwikkelen van een sluwe intellect altijd verdedigen   spel met de nodige voorzichtigheid in elke mogelijke dubbele.

Het leven is een school voor mensen die graag   leert al snel leert om beter in te schatten werkelijke bedoeling van de mensen om hen heen.

Er is veel te leren, maar het leven is kort, en als   je niet weet, het leven is niet goed.
Dus dit is een speciale vaardigheid om te leren   veel, en je kunt de wijsheid van hoe je niet moet gebruiken   om een slaaf te zijn op zijn minst als een partner, want dat zijn   de kosten en de mogelijkheid om samen te gaan.

De dynamiek van ons leven moeten we definiëren   onze hoge kwaliteit snel en gebruik het   vouwen   regel,   inzicht   en   de   moed om   anderen.

De oude monnik, gerimpelde gezicht sluier kap groot en niet te schrijven, ondanks het late uur.

Dit is de crisis die we beter kunnen begrijpen onze roots, in evenwicht te zijn.

Hoewel religieuze, niet verachten wetenschap en ik weet van mening dat de fundamentele bouwstenen van ons universum op basis van een enkel deeltje, in de toekomst, " *deeltje van God* is "en in de kern van imiscuída is de diepte van het proton, een onderdeel van de individuele en kan worden beschouwd als de basis van alle dingen.

Hij gelooft dat de gebeurtenissen zou mogelijk materie en beweging, de inhoud alsmede sterkte, de interactie tussen het derde element van de boodschap gepresenteerd.

Echter, dit bestaan was eerst nodig om de voorwaarden voor de ontwikkeling van het bepalen van het leven, en het eerste ding is om te beginnen, zou ongetwijfeld licht te creëren.
Dus we kunnen begrijpen dat God, in zijn eigen karakter is hetzelfde, en de hele actie was alleen het licht van de wet, de manifestatie van het licht van de waarheid.

Om een beetje beter we God begrijpen geven,
moet eerst echt vrij zijn, want alleen op deze manier kunnen we onze creatieve geest te ontwikkelen en vinden dat heilige ruimte binnen ons waar de goddelijke vonk van het eeuwige leven buiten onze verwachtingen, maar dit is geen gemakkelijke taak, en sommige van hun successen.

Nu, als we de moed hebben, de menselijke conditie, je moet ook leren praktische, zijn vroege ontwikkeling van ons vermogen om aan te passen aan de omgeving waarin we leven, maar nooit verliest zelfbeheersing en zelfvertrouwen.

De eerste stralen van de zon en begon te baden zijn
De kamer, waaruit blijkt dat de oude uitdrukking
Leraar wanneer niet in gebruik, zoals hij schreef in zijn grote boek van de oude.

Dan stilgelegd, en de bladeren, het vrijgeven
Een kleine glimlach.

Tijdens mijn reis naar Londen, vond ik   toen las ik in een tijdschrift op het vliegtuig.

Deze tekst was van een genie, en schreef dat.

Het was zeker een rolmodel voor iedereen, want hij wist heel   goed om te profiteren van de mogelijkheden van hun tijd en maak een verschil ...

*Als ik echt geliefd, gewaardeerd,
in ieder geval,
Ik was op de juiste plaats op het
juiste moment
Huidige tijd en dan kon ik
ontspannen.
Nu weet ik het een naam heeft ...
Esteem.*

*** *** ***

*Als ik hield, kon ik zien dat mijn
Angst, emotionele nood me meer
amu   signaal
Ik ga tegen mijn eigen
waarheid.   Vandaag heb ik dit
weet ...
Authenticiteit.*

Als ik echt genoten van mijn leven
detenido   Deseo
Het was anders, en ik begon dat
alles wat er gebeurt om te
beseffen,
helpt me om te
groeien.   Vandaag roep ik ...
Rijpheid.
✱✱✱

Als ik heb liefgehad, begon ik te
begrijpen
Offensief om de situatie of iemand
dwingen
om te bereiken wat ik wil weten
dat het niet
De tijd of de man is nog niet klaar,
mezelf
hetzelfde.   Ik weet nu dat haar
naam is ...
Respect.
✱✱✱

Als ik echt leuk vond, werd ik verlost van alle
was. saludable   Personas, enige en alle taken
wat me.   Ten eerste, mijn verstand
Hij noemde een dergelijke houding van egoïsme.   Nu weet ik de naam ...
Esteem.

***

Als ik echt leuk vond, hoorde ik van angst Leisure
en weigerde grote plannen om projecten te maken
Verlaten toekomst.   Vandaag doe ik wat ik denk is
Nou, wat ik wil, wanneer ik mijn eigen
Snelheid.   Nu weet ik dit ...
Eenvoud.

Als ik echt leuk vond, wilde
desistísiempre
goed en fout is met ellaMenos.
Vandaag vond ik ...
Nederigheid.

***

Als ik hield echt van de revival
desistíestar
ME preocuparse verleden en de
toekomst. Nu, denk je
Dat is waar het leven
gebeurt. Tegenwoordig woon
ik op een dag
Tijd. Dit is ...
Volledigheid.

***

**Als ik hield, begreep quemi geest
Ik kan kwellen en stelt me
teleur.   Maar toen ik
Ik verliet mijn hart is een dienst
grote en waardevolle
bondgenoot.   Het is ...
Leren om te leven!**

***

Charlie Chaplin

Informatie en publicaties

Autor_wladimir

www.ingramcontent.com/pod-product-compliance
Lightning Source LLC
Chambersburg PA
CBHW080252290526

45790CB00005B/1784